はじめに

　日本で教育を受けている殆どの人は、小学校時代に、または、中学入学と同時に英語を必修科目として学び始めます。そして、国語の授業と同じように、正しく、そして、より分かり易く文章を解釈したり、書いたりする時に必要なルールである文法を、基本的には中学から本格的に学ぶこととなります。しかし、この文法があるがために、「英語が分からなくなった」、「英語が嫌いになった」という方も、少なくないのではないでしょうか。

　そこで、そう不満を言い続けて英語学習を敬遠している学生諸君や、英語学習から早々に身を引いてしまった、社会人の方々に質問させて頂きたいのですが…。それは、「日本語の文法事項は完璧なのですか？」ということです。勿論、難しい試験の文法問題に於いても常に高得点を取れる、大学や大学院で日本語に関する専攻をしている、または、していたという方々であれば、日本語の文法に関する知識は、ほぼ完ぺきと言えないこともないでしょう。そうじゃなければ、「完璧だ！」と言える人は、多くはないと考えられます。しかしながら、完璧ではなくても、ある程度の文法的知識があれば、日常に於いて、社会人として、困らない程度に話し、文章を読み書きすることができるようになっているのではないでしょうか。

　日本で英語を学ぶ人たち皆が、言語学者や英語教師になるわけではないので、文法に関する完璧な知識は必要ないのです。完璧ではなくても良いと分かれば、少しはハードルも下がると思います。けれども、交通ルールや法律が無いと混乱が生じてしまうように、ルールを無視して言葉を使うと、混乱が生じてしまいます。やはり、ある程度のルールを知って、外国語を理解したり使ったりする方が、得策と考えられます。

　そこで、本書に於いては、細部にまで渡っての文法の知識を追求することはせずに、文章を読み、書き、そして話す上で、<u>最低限覚えておく必要がある</u> というものだけに焦点をあてて、今まで学んできたであろう文法事項について、本書を通して再確認をしていくということを、一番の目的としています。ですから、全ての文法事項は網羅していません。ここで扱っている以上の知識が必要な場合は、是非、詳細な説明が書かれている文法書を手に入れて下さい。ただ、詳細には述べていないといっても、学校に於ける定期試験は勿論、TOEFL、TOEIC、英語検定等の対策の一つとしても、十分に使える物です。

　最後に、「外国語を習得すること」は、「一つの技術をマスターすること」だと言えるでしょう。例えば、スキー、スノーボード、サーフィン等のスポーツ、バイオリン、ピアノ、サックス等の楽器は、一朝一夕にできるものではありません。日々のトレーニングと数多くの失敗の上に、少しずつではあっても、確実に技術が積み重なっていき、最終的に、技術の習得という目標が達成できるのです。英語も、それと同じなのです。特に、基本的に中学校から本格的に英語を学ぶ日本においては、そう言えるのではないでしょうか。であれば、<u>日々の努力と失敗を繰り返しもせずに、習得することは殆ど不可能</u> と言っても過言ではありません。その事に読者の方々が共感し、英語嫌いを払拭し、気持ちを奮い立たせて、英語習得への階段を上がって頂ければ幸いです。

2021 年 3 月　　　　　　　　　　　　　　　　　　　　　　　　　　　　　　著者

目　次

～ *How to improve your grammatical ability in English* ～

　「どういう意味を表す時」に、「どの形」を「どの部分で使うのか」に焦点を当てているところが、本書の一番の特徴です。まずは読書をするように 説明部分を熟読 し、あとは、以下の指示に従って学習を続けてみて下さい。

― それぞれの単元の内容を 自分の言葉でノートにまとめる。
― 内容をまとめる時は、ただ写すのではなく、頭の中に具体的なイメージ を浮かべながらまとめて 例文をチェック し、それぞれの 使い方を理解 していく。
― 学習した内容を基に、短いものでも構わないので、自分で英文を書いてみる。
― 学習した内容がどのように実際に使われているのか、教科書、英字新聞、ネット等に書かれている 英文の中で確認 し、その英文を頭の中にできるだけ インプット し、英語に関する情報・知識を積み重ねる。
― インプットされたものを、「実際に会話で使う」、「問題集を利用する」といった、アウトプット をしながら 記憶を確実 なものにし、習得していく。

　少なくとも 半年以上 の期間、これに従って学習を続けていけば、個人差はあると思いますが、少しずつではあっても、必ず文法力が身についてくるでしょう。

Practice makes perfect!!

I. 品詞 *(The Parts of Speech)*

　日本語と同じように、英語にも様々な種類の言葉がありますが、それぞれの言葉の働きは、多くの場合、基本的には日本語と同じだと考えられます。ということは、英語に於いてもそれぞれの言葉の働きを知っていれば、より正確に話したり書いたりすることが、出来るようになるということにつながります。そこで、最低限の知識はしっかりと頭に入れておきましょう。

　子供の頃、特に言葉を話し始めた当時を思い出してみて下さい。「ママ」、「ワンワン(犬)」、「にゅーにゅー(牛乳)」、「マンマ(食べ物)」等といった、単語レベルで自分の意志を伝えていたのではないでしょうか。これらは名詞、またはそれに準ずる言葉です。それを考えると、言語を学ぶ上で、最初に身に付けるべき言葉は **名詞** と言えるかもしれません。

1. 名詞 *(noun)*

　物や人の名前を表す時に使う語を名詞と言います。名詞は基本的に、文における **主語**、**目的語**（第3文型で動詞の後、また、文中の前置詞の後に置いて動詞を説明）、**補語**（主語・目的語を説明する語）として使われます。

<e.g.= for example>

e.g. Butter is made (from) **milk**.　（バターはミルクからできている。）
　　　主語　　　　前置詞 の目的語　　　（Butter・milk → **名詞**）
　　He is a college **student** now.　（彼は今、大学生です。）
　　　　　　　　　補語　　　　　　（student → **名詞** ・ college は形容詞の働き）

　日本語に於いては、あまり区別をせずに名詞を使うことが多いですが、英語に於いては、数えられる名詞と数えられない名詞がある場合には、使い方に違いが生じます。それぞれの特徴は、以下の通りです。

(1) 数えられる名詞（可算名詞）

　通常、基準となる形があり、1人/つ、2人/つ と数えられるものを表す。
e.g. apple, book, computer, device, ear, lion, man, message, woman, etc.

　可算名詞には、普通名詞と集合名詞があります。

* 普通名詞: 同じ種類の物や人等に **共通した名** を表す語。多くの名詞は普通名詞である。
　　　　　　<u>単数・複数の区別がある。</u>

e.g. Can I leave a **message**?　　　　　　　　（<u>伝言</u> をお願いできますか。）
　　There are five **lions** under the tree.　　　（木の下に <u>ライオン</u> が五頭います。）
　　Here are **cookies** my mother baked.　（ここに私の母が焼いた <u>クッキー</u> があります。）

4

Note: 可算名詞の場合、<u>特定の人/物ではない</u> 名詞の <u>単数形</u> には、「<u>1人/つの</u>」という意味を表す **不定冠詞** の **a**、または、**an** (名詞が **母音** の文字で始まる場合. e.g. an apple, an egg, etc.) を名詞の前に置き、複数形であれば、名詞を **複数形** (基本的に名詞の後に **-s**、か **-es** をつける → **規則変化**) にするが、単語の形が変わるものもある (**不規則変化 e.g.** man → men, child → child**ren**, woman → women, etc.)。

Cf (参考). <u>特定の物/人</u>を表す場合は、「<u>その</u>」という意味の**定冠詞** 、the を名詞の前に置く。

Note: 複数形に変える場合、単語の最後の文字が **f / fe** の時は、f / fe を **v** に変えて、また、最後の部分が <u>子音字 ＋ y</u> の時は、y を **i** に変えて**-es**をつける。
e.g. kni**fe** → kni**ves**, la**dy** → la**dies**, wol**f** → wol**ves**, etc.

* **集合名詞:** 同じ種類の物や人等の **集合体** を表す名詞。<u>集合体を一まとめ</u> として見なすのであれば **単数扱い**、<u>集合体を構成している物や人々</u> のことであれば **複数扱い** となる。
e.g. Tom's family **is** going on a trip next week. (トムの家族は、来週旅行に出かけます。)

　　　　　　　　　　　　　　　　　　　　　　　　　　　< 一つの集合体 >

　　　Tom's family **are** all against the idea. 　　　(トムの家族は皆、その考えに反対です。)

　　　　　　　　　　　　　　　　　　　　　　　　　　　< 個々のメンバー >

Note: police は常に <u>複数扱い</u>、**baggage**、**luggage**、**furniture** は常に <u>単数扱い</u>。後者の場合、「<u>多い・少ない</u>」を表す場合は、**much**、**little** を使い、<u>個数</u> を表す場合は、**a piece of** … 等を使う。

　次のような集合名詞も併せて覚えておきましょう。
*　fish　「魚一般について」 → **複数扱い**
　　　　　　「個々の異なる種類の魚を言う」 → **普通名詞** (複数を表す場合は fishes)
　　　　　　「獲物として一まとめと見なす」 → **単複同形** (a <u>fish</u>, three small <u>fish</u>)
* people　「人々の意味」 → **複数扱い**
　　　　　　「国民・民族の意味」 → **普通名詞** (複数を表す場合は peoples)

Cf. 単複同形(単数形も複数形も同じ形)をとる名詞
　　→ aircraft, deer, Japanese, sheep, species, etc.

(2) 数えられない名詞 (不可算名詞)
　通常、基準となる形が無く、<u>1人・2人 / 1つ・2つ</u> と数えられないものを表す。**物質、抽象、固有名詞** がこれに相当し、**単数扱い** だが、<u>a・an はつけない</u>。

* **物質名詞:** <u>細分化しても性質が変わらない物質</u> (金属、気体、液体、飲食品等)を表す語。
e.g. air, bread, chalk, cheese, coffee, equipment, money, milk, oxygen, water, wine, etc.

Note: 「多い」、「少ない」を表す時は、'**much**'、'**little**'、「**一定の量**」を表す時は、物質に応じて **a ～ of …** を用いて表す。

    e.g. 「一杯の牛乳」 **a glass of** milk ,「一枚のパン」 **a slice of** bread,

    「二本のチョーク」 two **pieces of** chalk, etc.

* 抽象名詞: 一般概念、状態、性質、動作、目に見えないもの 等を表す語。
e.g. advice, experience, happiness, importance, information, knowledge, love, etc.

Note: 「**量・程度**」を表す場合は、**much**、**a great deal of**、**(a) little**、**some**、**any** 等を使い、「**一定の数**」を表す場合は、使う名詞に応じて **a ～ of …** を用いて表す。

    e.g. 「1 つの忠告」 **a piece of** advice,「2 つの情報」 two **pieces of** information, etc.

* 固有名詞: 特定の人、物、場所等に付いている固有の名 を表す語。最初の文字は必ず 大文字 で表す。
e.g. America, Broadway, Chopin, England, Eurasia, Japan, Michael, Oklahoma, etc.

Note: 運河、海洋、河川、公共の建物、砂漠 等を表す時は、**the** を付ける。

    e.g. the Shinano, the Atlantic (Ocean), the Sahara, the White House, etc.

Note: もともと複数形の固有名詞（山脈、群島、国、家族名 等）を表す時は、**the + ～s** の形にして 複数扱い とするが、国名 を表す場合は 単数扱い となる。

    e.g. the Jackson**s**, **the** Philippine**s**, **the** Rocky Mountain**s**, **the** United State**s** (of America), etc.

Note: the American、**the** English、**the** Japanese 等は、人々 を表し 複数扱い となる。

    実際のところ、幼児期においては、具体的な物の名前が言えるようになる前に、自分の指を使って欲しい物を指し示しながら、「それ」、「あれ」等といった言葉を使うこともあるでしょう。具体的な物の名前を覚えるまでは、その名前の代わりになるような指示語を、頻繁に使うかもしれません。

2. 代名詞 (pronoun)

    英語は一度出てきた名詞を、その後に何度も繰り返すことを嫌う性質があります。そのため、同じ名詞を繰り返す時には、その名詞の代わりとなる語を使いますが、その語を **代名詞** と言います。

    代名詞は、どのような状況で使うか、または、文の何処に置くかによって、使われる語が異なります。例えば、主語 に使う代名詞は **主格**、名詞の前に置いて「**～ の**」という意味を表す時は **所有格**、動詞・前置詞の後に置いて「**～を**」、「**～に**」といった 目的語 の意味を表す時は **目的格** と呼ばれるものを、それぞれ使います。これらの代名詞をまとめて、

人称代名詞 と言います。
　また、前に出てきた 名詞 と、それを 誰が所有 するのかを一度に表す時にも、「〜 のもの」という意味を表す代名詞を使いますが、これを 所有代名詞、加えて、自分自身を表す時も「〜 自身」という意味の代名詞を使いますが、これを 再帰代名詞 と言います。
　何を表す時に、どの代名詞を使うのかを一覧表で確認し、いつでも使えるようにしましょう。

代 名 詞 一 覧 表

		主格	所有格	目的格	所有代	再帰代
一人称	単数	I	my	me	mine	myself
	複数	we	our	us	ours	ourselves
二人称	単/複数	you	your	you	yours	yourselves
三人称	単数	he	his	him	his	his
		she	her	her	hers	herself
		it	its	it	—	itself
	複数	they	their	them	theirs	themselves

　その他に、代名詞に関する以下のような事も、併せて覚えておきましょう。

(1) it の用法
　it は「それ」という意味で、前に出てきた語、句、節等を受ける時に使いますが、「**時間・天候・(漠然とした) 状況・明暗・距離**」、「**仮(形式) 主語・仮(形式) 目的語**」、「**強調**」等を表す時にも使います。

e.g. It's still 3 o'clock in the afternoon, but it's getting darker and darker. 　[時間・明暗]
　　　（まだ午後3時なのに、段々暗くなってきています。）
　　　How far is it from here to your hometown? 　[距離]
　　　（ここからあなたの故郷まで、どれ位の距離がありますか。）
　　　I make it a rule to get up early every morning. 　**[仮目的語** it = to 〜 morning]
　　　（毎朝早起きすることにしています。）
　　　It was Ken that / who broke the window yesterday. 　[強調]
　　　（昨日その窓を割ったのはケンでした。）

(2) 不特定のものを表す
* one → **不特定、一般の人** を表す時に使うが、we、you、they の方が頻繁に用いられる。I の代わりにもなる。また、物の反復を避ける 場合は、数えらえる名詞 の時のみ用い、数えられない名詞の場合は **it** を用いる。one の部分は日本語に訳さなくてもよい（単数を受ける → one, 複数を受ける → ones）。

e.g. Have you ever bought a diamond ring? — "Yes, I have bought **one**."
　　　（今までにダイアモンドの指輪を買ったことがありますか。— はい、あります。）

* another (= an other) → 「もう1つの 〜」(= one more 〜)、「別の 〜」(= different) の意味で用いられる。

7

e.g. Janet will continue to travel there **another** week.

　　（ジャネットは、<u>もう</u> 1 週間そこで旅を続けるでしょう。）

　　I want to try that **another** day.　（<u>別の</u> 日にそれを試してみたい。）

Cf.　「〜 と … とは違う」　<u>To say</u> is **one** thing, <u>to do</u> is **another**.　「言うことと行うこと
　　　　　　　　　　　　　　　　　　　　　　　　　　　　　　　　は別のことだ。」

*** other → **「他の」という意味で <u>複数名詞の前</u> に置いたり、<u>複数形</u> で「<u>他の人・物</u>」と
　　　　　いう意味を表す時に使う。また、<u>定冠詞 the</u> と共に用い、「<u>残りの人・物</u>」と
　　　　　いう意味も表す。

e.g. Look at **other boys** in the park.　（公園にいる <u>他の</u> 男の子たちを見てごらん。）

　　You should be kind to **others** (= other people).　（<u>他の</u> 人達に親切にするべきです。）

　　I have two new CDs.　One is pops and **the other** is rock.

　　（新しい CD が 2 枚あります。一枚はポップスで、<u>もう一枚</u> はロックです。）

(3) 指示代名詞

　　「これ（ら）」という意味で近いものを指す **this** (**these**)、「あれ / それ（ら）」という意味で
離れたものを指す **that** (**those**) があります。また、現在・過去を表すこともあります。

e.g. **this** very day　「まさに今日」　　**these** days　「最近」(= recently, nowadays, lately)

　　that day　　　　「あの日」　　　　**those** days　「当時」(= then, at that time)

Note: 前に出てきた名詞・節の繰り返しを避ける → **that**（日本語に訳さなくてもよい）

　　e.g. The climate of Kushiro in summer is similar to **that** of San Francisco.

　　　　（釧路の夏の気候は、サンフランシスコと似ています。　　that = climate）

(4) some と any

　　両方とも「いくつか（いくらか）」という <u>漠然とした意味</u> を表す代名詞として使うが、
<u>肯定文</u> では **some**、<u>否定文・疑問文</u> なら **any** を使います。但し、相手に <u>肯定の答えを期</u>
<u>待</u> する、<u>勧誘・依頼</u> を表す疑問文の中では <u>some</u> を、また、「<u>どれでも</u>」という意味、「<u>何</u>
<u>か（条件節で）</u>」という意味を表す時には、肯定文でも <u>any</u> を使います。

e.g. "Would you like to have **some** water?" － "Yes, please."

　　（水は要りますか。－ <u>ええ</u>、お願いします。）

　　If you want, you can get **any** tablet device for free.

　　（もし欲しければ、<u>どの</u> mp3 タブレット端末でも無料でもらえますよ。）

(5) その他の代名詞

　　以下の代名詞は、単数、複数、どちらの扱いなのかを確認しておきましょう。

8

* all → 「全員 / 全部」という意味で 3人 / 3つ以上の 人 / 物 を指し、全ての人 / 物 を表すなら 複数 扱い、全体を一まとめ として表すなら 単数 扱い。All of ～ の形で表す時も注意。また、名詞・代名詞 と 同格 (S = all の関係) で使うこともある。

e.g. All of us were given the documents. [複数] (私達 全員 に、その書類が与えられた。)
　　 All (of) the village was attacked by enemies.　[= The whole village,　単数]
　　 (その村 全体 が敵の攻撃に遭った。)
　　 We all went to the same place.　[同格]　(私達は 皆、同じ場所に行った。)

* both → 「両者 / 両方」という意味で 2人 / 2つ以上の 人 / 物 を指し、複数 扱い。使い方は all と殆ど同じ。
e.g. There are two foreigners in the park.　Both are from Canada.
　　 (公園に二人の外国人がいます。二人とも カナダ出身です。)

Cf. both of ～ 「～ の両者/方とも」,　both A and B 「A も B も両者/方とも」, etc.

* each → 「それぞれ」という意味の代名詞として使われ、単数 扱い。
e.g. Each of them has to take their (his or her) responsibility.
　　 (彼ら 一人一人 が自分の責任をとらなければなりません。)

Note: each は 形容詞 (単数可算名詞が後ろに来る)、副詞 (文の最後に来る) で使われることもある。
　　 e.g. Each worker has their (his or her) own computer in the company.　[形容詞]
　　 (その会社では、それぞれの 人が自分専用のコンピューターを持っています。)
　　 These cookies are 3 dollars each.　[副詞]　(これらのクッキーは 1枚 3ドルです。)

* either・neither → 2者 / 2つ のうち「どちらかが / どちらでも ～」という意味の肯定文、not を伴い「どちらも ～ ない」という意味の否定を表す時は either、また、not を伴わずに「どちらも ～ ない」と否定を表す時は neither を使う。両方とも基本的に 単数扱い。

e.g. Either of us will receive the award.　(私達の どちらかが、その賞を受賞するよ。)
　　 I cannot solve either of the questions.　(その問題の どちらも 解けません。)
　　 Neither of the students went to university.
　　 (その生徒達の どちらも、大学にいきませんでした。)

Note: 例文の "Neither of the students went ～." を "Either of the students didn't go ～." という形にはできない。別の言い方にするならば、"Both of the students didn't go ～." とする。

9

Note: either / neither of 〜 が主語にある場合、基本的に単数動詞 で受けるが、口語では of の後に来る(代)名詞が複数形 の場合、複数動詞 で受けることもある。

　既に述べたように、多くの場合に於いて、子供が言葉を話し始める頃は、名詞を使って相手に自分の意志を伝えようとしますが、名詞の次に頻繁に使うようになるのが、「食べる」、「飲む」、「行く」、「抱っこ(する)」、「乗る」、「要らない」等の、**動詞** ではないでしょうか。

3. 動詞 (verb) #1
　動作や状態を表し、日本文では基本的に文の最後に来る語を動詞と言います。いつのことを言っているのか によって、**語の形が変化** することがあるので注意しましょう(詳しくは第Ⅲ章時制を参照、以下 V は動詞の意)。

e.g. He **is** so kind that he often **takes** care of others. 　　(彼はとても優しいので、よく他の
　　　　V(現在の状態)　　　　　　　V(現在の動作)　　　　　　　　　　人のお世話を しています。)

　　The teacher **smiled** and **spoke** to me.　　(その先生は、笑顔で私に話しかけた。)
　　　　　　　　　　V (過去の動作)

Note: **時制** に合わせたり状況に応じて、動詞の **現在、過去、過去分詞形** を使うのだが、過去、過去分詞形を表す時に、動詞の後ろに **-d**、または **-ed** が付く **規則変化** をするものと、動詞の語自体が変わる **不規則変化** をするものがあるので、辞書で確認しておくこと。

　e.g.　　　| 規則変化 |　　　　　　　　　| 不規則変化 |

現在	過去	過去分詞	現在	過去	過去分詞
learn	learn**ed**	learn**ed**	break	**broke**	**broken**
study	stud**ied**	stud**ied**	hear	**heard**	**heard**

　名詞、動詞を使って話すことに慣れてくると、「大きい」、「重い」、「長い」、「可愛い」といった、名詞に相当する言葉がどのようなものなのかを表す **形容詞**、「速く」、「綺麗に」、「上手に」、「ゆっくり」といった、どのように動作をするのかを説明する **副詞** も、使うようになってくるでしょう。

4. 形容詞 (adjective)
　名詞を修飾 する時に使う語を 形容詞 と言います。日本語の「〜 い」、「〜 な」等に相当する語で、通常、名詞の前に置きますが、後ろに置いて名詞を修飾することもあります。また、文における **補語** として、主語や目的語を修飾 する時にも使われます(注. 例文では、形→形容詞、名→名詞、目→目的語、補→補語、代→代名詞を表す)。

e.g. I heard a **big** noise behind my house yesterday.　　(昨日家の裏から、大きな 音が
　　　　　　　形└─▶名　　　　　　　　　　　　　　　　　　　　私には聞こえた。)

　　This is a custom **different** from what we see in Japan. 　(これは日本で見るものとは
　　　　　　　名 ◀─┘ 形　　　　　　　　　　　　　　　　　　　違う 慣習です。)

The news made <u>my friends</u> very **sad**.
名(目) └───┘ 形(補)　　　　　（そのニュースは、私の友達を
　　　　　　　　　　　　　　　　　　とても 悲しく させた。）

We couldn't find <u>anything</u> **interesting** in the movie.（その映画には、何も <u>面白い</u>
代 └───┘ 形　　　　　　　　　　ところが見つからなかった。）

There is <u>something</u> **wrong** here.　　　　　（ここは何か おかしい。）
代 └───┘ 形

Note: 形容詞の働きをする部分が長い、または、修飾される名詞が 〜**thing** (anything、
nothing、something 等)、〜**one/body** (anyone/anybody、someone/somebody 等)の
場合は、**名詞 / 代名詞 ＋ 形容詞** の形にする。

Cf. '**the ＋ 形容詞**' の形で普通・抽象名詞を表すこともある
　　e.g. **the good** → virtue, **the rich** → rich people, **the young** → young people, etc.

5. 副詞 (adverb)

　動詞、形容詞、副詞、文全体を修飾 する時に使う語を 副詞 と言います。日本語の
「〜く」、「〜に」等に相当する語で、語尾が **-ly** で終わり、**程度** を表しているものが多
く、通常、一般動詞・形容詞・副詞の 前、be 動詞の 後、文頭・文尾 に置きます。また、
頻度 を表す時にも使われます。　　　　　　　　　　　　　　　　　　☜ 1

e.g. He **sometimes** plays golf.　　　　　　　（彼は 時々 ゴルフをします。）
　　副(副詞) └─┘↑ V

　　It was a **very** fun movie.　　　　　　　　（とても 楽しい映画でした。）
　　　　　　 副 └─┘ 形

　　Luckily, they could survive in the disaster.（幸運にも、彼らはその大災害で
　　副 └───┘ 文　　　　　　　　　　　　　　　生き残ることができた。）

　　My friend speaks Spanish **very** **fluently**.（私の友達は、とても 流暢に
　　　　　V ↑───────┘ 副└─┘↑ 副　　　　スペイン語を話します。）
　　※ この場合、very は fluently を、fluently は speaks を修飾。

Note: "**Anyone** else?"、"**Only** Keith 〜" のように、名詞を修飾 することもあります。

　名詞、動詞、形容詞、副詞を使って、言葉が話せるようになるにつれて、使う表現も単
語レベルから、句、文レベルへと、徐々に長くなっていきます。そこで、語(句)と語(句)、
文と文が途切れないようにするために必要となるのが、**前置詞、接続詞** といった、つなぎ
の語です。所謂、日本語の「て・に・を・は」といった助詞のように、これらの語を入れな
いと、言っている、または、書いている内容が伝わったとしても、相手に違和感を与えてし
まいます。恐らく、多くの日本人の親御さん達は、自分の子供が助詞、接続詞を抜かして話
をしたり、文章を書いた時には、日本語に不慣れな外国の人達が使う言葉のようになってし

まうので、正しい使い方をするように注意すると思います。英語に於いても、恐らくネイティブの親御さん達は、同じ対応をするでしょう。　　　　　　　　　　　　　　　☛ **2**

6. 前置詞 (*preposition*)

　<u>語と語をつなぐ</u> 時に使う語が <u>前置詞</u> です。これがないと、前述にもあるように、日本語に於いて「て・に・を・は」がないような状態になります。

e.g. Can you tell a <u>moth</u> **from** a <u>butterfly</u>?　（蛾 と 蝶 の 見分けがつきますか。）
　　　　　　　　　　語　前　語
　　　　　　　　　（前置詞）
　　Sally is a <u>friend</u>　**of**　<u>mine</u>.　　　　　（サリーは私 <u>の</u> 友達です。）
　　　　　　　　語　前　語
　　It is said that Columbus discovered <u>America</u> **in** <u>1492</u>.
　　　　　　　　　　　　　　　　　　　　　語　前　語
　（コロンブスは 1492 年 <u>に</u>、アメリカを発見したと言われています。）

　使い方を間違えやすい前置詞をいくつか挙げておくので、確認しておきましょう。
* 　「**場所**」を表す時に使う前置詞
　　「〜 で」：点 → at　　**範囲**がある → in　　「〜 の上に」(接触) → on
　　「〜 に・へ」(**方向**)：「**到達点**に向かって」→ to　　「〜 の**中に向かって**」→ into
　　　　　　　　　　　　　「〜 の(運動)**方向**へ」→ toward　　**目的地** → for
　　「〜 の間」：**2人 / 2つ** → between　　**3人 / 3つ** 以上 → among

* 　「**時**」を表す時に使う前置詞
　　「〜 に」：点・短時 / 短期 間 → at　　特定の日 → on　　比較的長い時間 / 期間 → in
　　「〜 まで」：**期間** (その時までに完了) → by　　**継続** → until / till
　　「〜 から」：**起点** → from　　**継続** → since
　　「〜 の間」：**特定**の期間中ずっと → during　　(通常) **不特定**の期間 → for
　　　　　　　　期間を**通して** → through

Note: 「<u>前置詞 ＋ 〜</u>」で表される前置詞句は、<u>**形容詞**</u>、<u>**副詞**</u> の働きもします。
　e.g. She touched <u>insects</u> ⓘⓝ <u>the box</u> .　（彼女はその箱の中の虫に触りました。）
　　　　　　　　　　　名┗━━┛ **前置詞句** （名詞を修飾 → 形容詞）
　　I <u>put</u> the CD ⓞⓝ <u>the sofa</u> .　　（私はその CD をソファの上に置きました。）
　　動┗━━━━━┛ **前置詞句** （動詞を修飾 → 副詞）

Cf. 句 → **2語以上**の語で成り立っているもので、状況に応じて、**名詞、形容詞、副詞** の働きをするもの。<u>**S**(主語) ＋ **V**(動詞)の形は入っていない</u> [S: Subject, V: Verb]。

12

7. 接続詞 (conjunction)

　語(句)と語(句)、節(S+V)と節、文と文をつなぐ 時に使う語を、**接続詞** と言います。日本語の、「だから」、「そして」、「しかし」、「何故ならば」等に相当する語です。接続詞には、つないでいる語(句)や節を、**対等の関係** で結ぶ時に使う **等位接続詞** と、**上下関係** を生む従属節を導く時に使う 従位(従属)接続詞 の 2 種類があります。

(1) 等位接続詞

　この接続詞には、for (というのは), and (そして), nor (そしてまた … ない・〜 もまた … ない), but (しかし), or (または・〜 か), yet (しかし・けれども), so (だから) がありますが、それぞれの頭文字をつなげて、"**fanboys**" として覚えておけばよいでしょう。

e.g. You can choose this cup **or** that key ring.

　　（あなたは、このカップ か、あのキーホルダーを選べます。）

　　Wake up now, **and** you will catch the first train.

　　（もう目を覚ましなさい、そうすれば 始発電車に乗れますよ。）

　　The office clerk speaks neither Japanese **nor** Chinese.

　　（その事務員は、日本語 も 中国語 も 話し ません。）

Note: 2 組の S + V が 等位接続詞 で結ばれて成り立っている文を **重文** と言う。

(2) 従位(従属)接続詞

　主人となる節を **主節**、主人がいないと独立出来ない、家来となる節を **従属節** と言います。この従属節を導く接続詞が 従位接続詞 で、**名詞、副詞** の働きをする節を導きます。

　　　　　　　　　　　　　　※ 形容詞の働きをする場合 → 同格の that・関係詞を参照

* 名詞と同じ働き（名詞節を導く）

　that (S'が V'する / だ ということ)、**what** (S'が V'する 物 / 事)、**if / whether** (S'が V'する かどうかということ) で導かれる S'+V'が、**名詞と同じ働き** をします。また、その節は **主語、補語、目的語** として使われます（接 → 接続詞）。　　　　　🐟 3

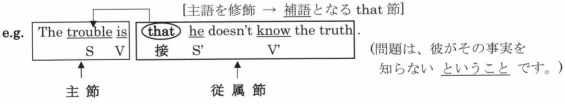

［主語を修飾 → 補語となる that 節］

（問題は、彼がその事実を
　　知らない ということ です。）

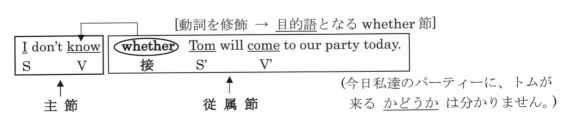

［動詞を修飾 → 目的語となる whether 節］

（今日私達のパーティーに、トムが
　　来る かどうか は分かりません。）

Cf. S+V で成り立つ単位を 節 と言い、伴われる接続詞によって、その働きは変わる。

Note: 名詞節を導く that は、動詞のすぐ後ろに続く場合、省略されることがよくあるが、常に省略できるわけではない ので注意すること。また、長い文章の意味を捉える時に、「～ということ」らしき部分があれば、この that が省略されているかどうかを確認すること。

Note: 名詞節を導く that は、同格 の that としても使うことがある。この場合は、通常の使い方とは異なり、that 節の前に来ている 名詞 を、**具体的に説明（形容詞節）**する部分を導きたいという時に使うもの（名詞 ＝ that S' + V' ～ の関係が成立する）。

e.g. Everyone believed a rumor [that | Jack would get married to a famous singer].
　　　　　　　　　　　　名詞┘　同格　　S'　　　　V'　　　* rumor = that ~ singer
（ジャックが有名な歌手と結婚する という 噂を、皆は信じた。）

Note: 同格の that は、一見すると 関係代名詞の that のように見えるが、その場合、主節と修飾節（that で導かれる方）を 2 文に分けると、**修飾節側に代名詞が入る** が、同格の場合は **入らない** ので、混同しないこと。

e.g. 「彼は私が昨日駅で会った男の子です。」
　　　He is a boy [that | I met at the station yesterday].
　　　　　　　名詞┘　関係代名詞（and, him の働き）　　* boy ≠ that ~ yesterday
　→ He is a boy.　I met **him** at the station yesterday.

* 副詞と同じ働き（副詞節を導く）
　時 （as, before, until, when, whenever, while, etc.）、理由 （as, because, since, etc.）、
　譲歩 （although, though, etc.）、条件 （if, unless, etc.）、結果・程度 （so … that ～, such …
　that ～, etc.） 等で導かれる 接続詞 +S'+V' が、副詞と同じ働き をします。また、その節
　は文頭か主節の次に、通常は置かれます。　　　　　　　　　　　　🖝4

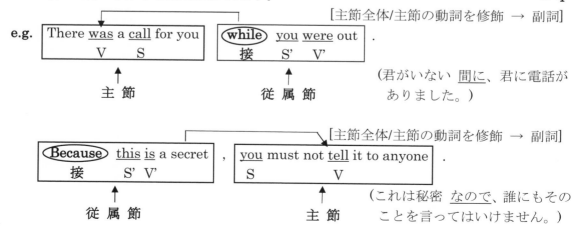

e.g.
　[主節全体/主節の動詞を修飾 → 副詞]
　There was a call for you　while you were out .
　　　　V　S　　　　　　　接　S'　V'
　　　↑　　　　　　　　　　　　↑
　　主 節　　　　　　　　　従 属 節
　（君がいない 間に、君に電話がありました。）

　[主節全体/主節の動詞を修飾 → 副詞]
　Because this is a secret ,　you must not tell it to anyone .
　　接　　S'　V'　　　　　　　S　　　　　V
　　　　↑　　　　　　　　　　　　　↑
　　従 属 節　　　　　　　　　　主 節
　（これは秘密 なので、誰にもそのことを言ってはいけません。）

14

Note: 2組の S＋V が 従位接続詞 で結ばれて成り立っている文を 複文 と言う。

　　幼児が自分の要求を伝えるために名詞を使い始めた後、「〜 する」、「〜 したい」といった動作を表す動詞も使いだすでしょう。勿論、最初の段階では周囲の人達の「食べる？」、「飲む？」、「乗る？」といった問いかけに対して、頷いたり、返事をするだけだと思いますが、次第に語から句、文レベルの発話もするようになると思います。そのような中で、動詞の使い方や違いも、少しずつ習得していくのではないでしょうか。

8. 動詞（verb）#2
　　英語に於いても日本語と同様に、「〜 する」（**動作**）・「〜 です」（**状態**）等という表現をする時には、動詞を使います。そこで動詞を使う時は、初めに動作、状態の、どちらを表すのかを考えましょう。

(1)「動作」 or 「状態」？
　　動作を表すのか、または、状態を表すのかによって、使用する動詞の種類が異なります。
* **動作**を表す　→　表わす意味に応じた **一般動詞**（go, study, write, manage, export, etc.）
　　　　　　　　　　を使う［たいてい表される動詞の 動きが見える］。
* **状態**を表す　→　表わす意味に応じた **be** 動詞、または、状態を表す **一般動詞**（resemble, become, get, etc.）を使う［たいてい表される動詞の 動きは見えない］。

Note：be 動詞には、「〜 です」以外に、「〜 になる」、「〜 がある / いる」といった意味もある。また、一般動詞の中には、get（〜 になる）、look（〜 に見える）等のように、動作以外に状態の意味を表すものもある。

　　動詞には「動作」か「状態」かという区別の他に、「**自動詞（intransitive verbs）**」か「**他動詞（transitive verbs）**」 という区別をすることもあります。そこで、どちらを使うかによって、注意すべき点がいくつかあるので、覚えておきましょう。

(2)「自動詞」 or 「他動詞」？
　　自動詞、他動詞を使ううえでのキーワードは、「**目的語**」と「**前置詞**」です。　　　　🐟 5

Note: O = Object（目的語）、M = Modifier（修飾語句）を、それぞれ表す(詳細は 5 文型で)。

☆ **目的語** は必要？
* 動詞のすぐ後ろに 目的語が無い ！でも、明確に意味を表す文が 成立 ！→ 自動詞
e.g. <u>Birds</u> <u>are singing</u> <u>on the trees</u>.　　（木の上で鳥たちが鳴いています。）
　　　　 S　　　 V　　　　 M
　　　 The <u>children</u> <u>were playing</u> <u>in the garden</u>.（その子供達は、庭で遊んでいました。）
　　　　　　 S　　　　 V　　　　 M

15

動詞のすぐ後ろに、「〜 を」に相当する部分の 目的語が無くても明確に意味が伝わる文 になっています。この時に使われる動詞は、自動詞 ということになります。

* 動詞のすぐ後ろに 目的語が無い！だから、明確に意味を表す文が 成立しない！
　　→ 他動詞 (基本的に)
e.g. My sister drinks milk every morning. （私の姉は、毎朝牛乳を飲みます。）
　　　　 S　　V　　O　　　M

　　　 I bought JB's concert tickets yesterday. （昨日私は、JB のコンサート・チケット
　　　 S　V　　　　O　　　　　M　　　　　　を買いました。）

　　動詞のすぐ後ろに、「〜を」に相当する部分、すなわち 目的語が無い と、何をどうする のかがハッキリと相手に伝わらない 文になってしまいます。このように、動詞のすぐ後ろ に目的語が置いてある 文中で使われる動詞は、他動詞 ということになります。

☆ 前置詞 は必要？
* 目的語を置きたいが、その前に 前置詞が無い！だから、明確に意味を表す文が 成立 しない！→ 使われている動詞は 自動詞 → 目的語の前に 前置詞 を置く！
e.g. We arrived ⓐⓣ the station late at night. （私達は夜遅くに駅 に 着いた。）
　　　　　　　 前　　　O

　　　 They talked ⓐⓑⓞⓤⓣ the topic in class. （彼らは授業中に、その話題 について
　　　　　　　　 前　　　O　　　　　　　　 話し合った。）

　　それぞれの例文で使われている動詞自体は、前置詞の役割までは果たさないので、目的語 を直接取ることが出来ません。よって、the station、the topic の前に前置詞が無いと「駅 着いた」、「その話題 話した」というように、日本語の「て・に・を・は」が無いような、 文法的に不完全 な英文となってしまいます (☞ 2 参照)。そのため、正しく意味が通るよう に、動詞の後に適切な前置詞を置き、目的語とつなげる 必要があるのです。例文を見ると、 それぞれ at、about という前置詞が目的語の前にあるので、文中で使われている動詞は、 自動詞 ということになります。

* 目的語を置きたいが、その前に 前置詞が無い！でも、明確に意味を表す文が 成立！
　　→ 使われている動詞は 他動詞！
e.g. We reached（×前置詞不要）the station late at night. （私達は夜遅くに駅 に着いた。）
　　　 They discussed（×前置詞不要）the topic in class.
　　　　　　　　　　　　　　　　　　　 （彼らは授業中に、その話題 について話し合った。）

　　この場合、それぞれの例文で使われている動詞自体が、前置詞と同じような役割まで果た すことができるので、目的語を直接取れる と考えれば良いでしょう。よって、前述の自動 詞が使われた 2 つの例文と意味は同じですが、使う動詞が異なると、the station、the topic

の前に　前置詞が無くても　**文法的に完全**　な英文になり、その時に文中で使われている動詞は、**他動詞**　ということになります。

(3) 両方の使い方はあるが意味が異なる！

　実際、自動詞、他動詞の、両方で使われる動詞は数多くあります。その場合は、単語だけを捉えて、それが自動詞なのか他動詞なのかと言うことは出来ません。その単語が文章の中で、どのように使われているのかを見なければ、判断は出来ないのです。例えば、動詞のopen を使い、具体的に示してみると、

```
The door  opened  softly.          （そのドアは静かに 開いた。）
     S       V       M          → O が無い！ → 自動詞
She  opened  the door  softly.     （彼女は静かに、そのドアを 開けた。）
 S     V        O       M          → O が有る！ → 他動詞
```

というように、同じ open という動詞を使っていても、動詞の直ぐ後ろに目的語を取るか否か　で、それぞれ自動詞、他動詞と判断出来るということになります。同様の例として、

```
Yoshi  made  for the gate.          （ヨシは門の 方へ向かった。）
  S      V       M          → V のすぐ後ろに O が無い！ → 自動詞
Haru  made  her husband  a meal.   （ハルは自分の夫に食事を 作ってあげた。）
  S     V        O          → V のすぐ後ろに O が有る！ → 他動詞
```

が挙げられる。両方の文中で make という動詞を使っていても、動詞の　直ぐ後ろに目的語を取るか否かで、自動詞なのか他動詞なのかが決まります。また、どのような意味で動詞が使われているかも、判断材料になるでしょう。

※　動詞 lie（横になる、横たわる）と lay（横にする、横たえる）

　もちろん 2 つは違う動詞ですが、自動詞、他動詞といった事に関連して頻出項目であるのと同時に、間違えやすい（似ているし、lie の過去形と lay の原形は同じ綴りのため）部分なので、ここで触れておきたいと思います。　　　　　　　　　　　　🖙 6

```
The mother  lay (beside) her daughter.     （その母親は、自分の娘の傍で
      S      V    前        O                    横になった。）
 →  V のすぐ後に O が無い！ O を置く時に 前置詞が必要！ → 自動詞

The mother  laid  her daughter  on the bed.  （その母親は、自分の娘をベッドの
      S      V        O            M                上で横にした → 上に寝かせた。）
 →  V のすぐ後に O が有る！ O を置く時に 前置詞が不要！ → 他動詞
```

17

勿論、子供は ☞ **6** のように、自動詞、他動詞といったものを理解したうえで動詞を使っているわけではなく、それぞれの動詞を日常生活の中で使い慣れていくことで、その違いを身に付けていきます。しかしながら私達は、ネィティヴと同じように身に付けていくのが難しい環境に置かれていると思われます。そこで、面倒くさいと思わずに、これらのような動詞に関する知識を最初に頭の片隅に入れて、使い慣れていくようにしましょう。

9. 間投詞 (interjection)

　「わぁーい!」、「えー!」等と、**喜び、驚き、怒り、悲しみ** のあまり、または、間を埋めるために、何か短い言葉を発することがあると思いますが、それに相当する語を <u>間投詞</u>、または、<u>感嘆詞</u> と言います。この語はたいてい文頭に置かれ、文中において文法的に他の語と関係なく使われます。

e.g. **Ah**, **Boy**, **Gee**, **Oh my God**, **Hush**, **Shh**, **Ouch**, **Oops**, **Phew**, **Well**, **Wow**, **Yuck**, etc.

　日本語の「ちくしょう」、「なんなんだよ」と、怒りや不快感等を表す英語表現の１つは、多くの方が耳にしたことのある "God damn it!" だが、信仰心の強い人が周りにいる場合は、使うことを控えた方がよいでしょう。これは、神様を表す 'God' と言う言葉を直接言うことは、神様に失礼だと感じる人もいるからです。そこで、直接 'God' と言わずに「ちくしょう」という表現をする時に、'God' を逆から読み、同様の意味を表す "Doggone it!" という表現を使う場合があります。

Exercise 1

1. 下線部(1)〜(14)の品詞をそれぞれ答えなさい

　(1)<u>Well</u>, finally, I (2)<u>would</u> like to say (3) <u>this</u> to you.　Remember, just (4)<u>because</u> you see (5)<u>something</u> on (6)<u>the</u> website or read some article (7)<u>in</u> a newspaper like (8)<u>New York Times</u>, it isn't (9)<u>always</u> true.　(10)<u>Make</u> it (11)<u>a</u> rule to rethink about what you see (12)<u>or</u> read, and trust (13)<u>your</u> observation and (14)<u>experience</u>.

2. 斜字体の品詞に注意して、英文を日本語に訳しなさい。

(1) *Dry* this towel in the sun until it is quite *dry*.

(2) Draw some *water* from the well and *water* the flowers well.

3. カッコ内に入る最も適切なものを選択肢から選びなさい。

(1) Who will you give your treasured memorial (　　)?

　ア. BD collection to　イ. BDs collection　ウ. of BD correction　エ. collection of BDs

(2) She explained (　　).

　ア. for us to teach her method　イ. her teaching method for us

　ウ. her teaching method to us　エ. us teach her method

(3) My friend (　　) me that Dr. Franklin's lecture would be canceled the next day.

　ア. talked　イ. said　ウ. mentioned　エ. told

---

(4) My brother ( ) the day before yesterday.
ア. apologized me for his behavior イ. apologized to me for his behavior
ウ. introduced me a famous singer エ. made me for a politician

4. 意味が通じるように、カッコ内に適当な前置詞を入れなさい。
(1) We haven't written to each other ( ) last year.
(2) She was holding her baby ( ) her arms. (3) Let's meet ( ) the airport.

5. 意味が通じるように、カッコ内に適当な接続詞を入れなさい。
(1) We were tired, ( ) we went to bed earlier.
(2) I hear a rumor ( ) Mary dislikes Tom.
(3) Somone called me ( ) I was singing in a shower.

6. 使われている動詞が自動詞か他動詞かを答えなさい。
(1) I called my cousin at five. (2) I will run in the election.
(3) My brother goes to Shonan beach every weekend.
(4) A friend of his approached me to say, "Good morning."

Answers: 1. (1) 間投詞 (2) 助動詞 (3) (指示)代名詞 (4) 接続詞 (5) 代名詞 (6) (定)冠詞 (7) 前置詞 (8) (固有)名詞 (9) 副詞 (10) 動詞 (11) (不定)冠詞 (12) 接続詞 (13) 代名詞 (14) (普通)名詞 **2.** (1) しっかり乾くまで、このタオルを日光で乾かしなさい。 (2) 井戸から(いくらか)水を汲んで、その花に十分に水をやりなさい。 **3.** (1) ア (2) ウ (3) エ (4) イ **4.** (1) since (2) in (3) at **5.** (1) so (2) that (3) while **6.** (1) 他動詞 (2) 自動詞 (3) 自動詞 (4) 他動詞

　品詞を理解し、動詞をある程度まで使えるようになったら、今まで身に付けた語句を用いて、文レベルの英語を書いたり話したりできるようになるというわけです。しかし、「どのように文を作るのか分からない」と言う方もいるかもしれません。そこで、文章を作るうえで役に立つ、5パターンの基本的な英語の文型について、次章で学んでいきましょう。

＊ *One point English!* 〜 レストランでオーダーを聞かれたら？ 〜
　レストランでオーダーを聞かれたら、もちろん、オーダーしたい物を言い、最後に 'please' を付ければ良いのですが、後で他の物をオーダーする可能性があるなら、
　　"May I take your order?" （ご注文は？）
　　"I'm going to **start with** garden salad and a glass of red wine."
　　　　　　　　　（最初にガーデン・サラダと赤ワインをお願いします。）
　と、'start with' を使うと良いでしょう。

II. 5 文型 (*Five Basic Sentence Structures in English*)

　英語には5つの基本的な文型があります。文の構成要素となるものは、**主語 (S「〜は・が」**)、**動詞 (V「〜する、〜です 等」**)、**目的語 (O「〜を」⇒ 動詞 を修飾**)、**補語 (C「〜の状態」⇒ S or O を修飾**) の4種類です。但し、目的語は **直接目的語 (DO「〜を」⇒ 動詞 を修飾**)、**間接**目的語 (**IO「〜に」⇒ DO を修飾**) と、2種類あります。

※ それ以外の文中にある語句は？
　例えば、
- **前置詞** で導かれ **動詞** を修飾する語句、**時・場所** を表す語句 ⎤ **副詞**
- **時・理由・条件** 等を表す **接続詞** で導かれている **S' + V'(主節以外)の部分** ⎦ の働き
- **前置詞・関係代名詞** で導かれ、**名詞を説明** している部分 　　── **形容詞** の働き

等

⇓

文の要素にはならない!! → 修飾語句 (M) と捉える!!

　すなわち、英文を書いたり読んだりする時は、基本的に **主語 (S)、動詞 (V)、目的語 (O)、補語 (C)** に焦点を当てて作業をすれば良いのです。よって、英文を書くのであれば、先ずはこれら4つの要素に相当する部分から手をつけ、その後に、必要に応じて語句を付け足して完成させます。また、リーディングであれば、先ずは文中にある、これら4つの要素を捉えた後に、それ以外の部分を確認しながら、ストーリーの内容把握をしていけば、今までよりもスムーズに英語を操れる、または、理解できるようになるでしょう。

Note: C = Complement、I / DO = Indirect / Direct Object を、それぞれ表す。

　5つの基本的な文型には、どのようなものがあるのかを確認していくことにしましょう。

1.「〜 は … です」⇒ S + V

　これは、O、C が無くても文が成立するものだが、このパターンを <u>第1文型</u> と呼びます。例えば、「鳥たちが 木の上で 鳴いています」がこの文型となり、これを英語に直すと、

　　Birds are singing ⓞⓝ the trees.
　　S 　　 **V** 　　 **M**(前置詞句)

となります。見て分かるように、動詞を説明する「〜を」に当たる部分 (O) や、主語を説明する部分 (C) が無くても、文の要素としては、S と V だけで文章が成立しています。

20

2.「～ は －（の状態）です／になる」⇒ *S + V + C*

　これは、O は無いが、S を説明する部分、すなわち C が入って文章が成立するものだが、このパターンを **第2文型** と呼びます。例えば、「私の父は、昨日は 忙しかった（状態の）ようだ」がこの文型となり、これを英語に直すと、

　　　My <u>father</u> <u>seemed</u> (<u>to be</u>) <u>busy</u> <u>yesterday</u>.　　　< seem の後に来る 'to be' は省略可 >
　　　　S 　　　 V　　　　　　 C　　 M（副詞）
　　　　　　　　　　修飾

となります。文中では、「忙しい」（C）という部分が、「私の父」（S）の状態を説明しています。よって、この文型に於いては、C が S を修飾するということから、 **S = C** の関係が成り立ちます（S を修飾する C を **主格補語** と言う）。

3.「～ は － を … する」⇒ *S + V + O*

　これは、C は無いが、V を説明する部分、すなわち、O（「～ を」）が入って文章が成立しているものだが、このパターンを **第3文型** と呼びます。例えば、「先週　ベッキーは、ケンのために 新しいバッグ を　かってあげた」がこの文型となり、これを英語に直すと、

　　　<u>Last week</u>,　<u>Becky</u>　<u>bought</u>　a new <u>bag</u> (<u>for</u>)　<u>Ken</u>.　　　　　　　🐟 7
　　　M（副詞句）　　 S　　　 V　　　　　 O　 M（前置詞句）
　　　　　　　　　　　　　　　　修飾

となります。文中では、「バッグ を」（O）という部分が、何を「買った」（V）のかを説明しています。

4.「～ は ….. に － を … する」⇒ *S + V + IO + DO*

　これは、IO（間接目的語「～に」）、DO（直接目的語「～を」）という 2 つの目的語が入って文章が成立するものだが、このパターンを **第4文型** と呼びます。例えば、「公園で リチャードは、メグ に 誕生日のプレゼント を あげた」がこの文型となり、これを英語に直すと、

　　　<u>Richard</u>　　<u>gave</u>　<u>Meg</u>　a birthday <u>present</u> (<u>in</u>)　<u>the park</u> .
　　　　S　　　　 V　　 IO 　　　　　　　　　　DO　 M（前置詞句）
　　　　　　　　　　　　　　修飾

となります。文中では、「誰に」（IO）が「何を」（DO）の部分、「何を」が「あげた」（V）という部分を説明しています。

　※ 前述の、第 3 文型の「先週　ベッキーは、ケンのために 新しいバッグを かってあげた」と、第 4 文型の「公園で リチャードは、メグに 誕生日のプレゼントを あげた」を見ると、どちらも「（誰か）に（物）を … する」という表現である。ということは、どちらの文型でも良いということ？

↓

答えは <u>Yes</u> です。「(誰か) に (何か) を … する」という表現を英語に直す時は、第3、第4の、<u>どちらの文型を用いてもの良い</u> のですが、注意する点があります。それは、☜ **7** の例文を見て分かるように、第3文型を使う場合は、文中で使う動詞に応じて「(誰か) に」という部分の前に、適当な <u>前置詞</u> を置くということです。そうすることによって、第4文型とほぼ同じ意味を表せるのです。どの動詞で、どの前置詞を使うかは、以下の通りです。

* **give** 型: S + V + IO + DO (第4) ⇒ S + V + DO + $\boxed{\text{to}}$ + IO (第3)

同じパターンの動詞 ⇒ explain, hand, lend, pass, send, show, teach, tell, write, etc.

<u>Yesterday</u>, my <u>friend</u>　<u>lent</u>　<u>me</u>　his <u>bicycle</u>.
　M(副詞)　　　　　S　　V　　IO　　　DO

　　　　　　　　　　　　　　　　（昨日私の友達は、私に彼の自転車を貸してくれた。）

⇒ <u>Yesterday</u>, my <u>friend</u>　<u>lent</u>　his <u>bicycle</u>　(to)　me .
　　　M　　　　　S　　V　　　DO　　　M(前置詞句)

* **buy** 型: S + V + IO + DO (第4) ⇒ S + V + DO + $\boxed{\text{for}}$ + IO (第3)

同じパターンの動詞: choose, cook, find, get, leave, make, play, sing, etc.

My <u>mother</u>　<u>cooked</u>　<u>me</u>　<u>ham and eggs</u>.　　（私の母は私のために、
　　S　　　V　　IO　　DO　　　　　　　ハムエッグを作ってくれた。）

⇒ My <u>mother</u>　<u>cooked</u>　<u>ham and eggs</u> (for) me .
　　S　　　V　　　DO　　　　M(前置詞句)

Note: **to** は「〜に(<u>向けて</u>)」(方向)、**for** は「〜(<u>のため</u>)に」(誰かの<u>利益</u>)を表すと覚える。

5. 「〜 は ー を *(の状態)に* … する」、「〜 は ー が *(の状態になっている)と* … する」
　⇒ *S + V + O + C*

これは、**O** が入っていて、さらに O を説明する部分として、**C** も入って文章が成立するものだが、このパターンを <u>第5文型</u> と呼びます。例えば、「私達は、<u>自分たちの教室を</u> <u>き</u><u>れいに</u> <u>しておかなければならない</u>、<u>何故ならば私達は毎日教室を使っているからだ</u>」がこの文型となり、これを英語に直すと、

<u>We</u>　<u>must keep</u>　our <u>classroom</u>　<u>clean</u>　(because)　<u>we use it everyday</u> .
　S　　　V　　　　O　　　　C　　接　　　M(副詞節)

　　　　　　　　　　　修飾

となります。文中では、「教室（が）」(O) の状態を、「きれいに」(C) という部分が説明しています (O を修飾する C を **目的格補語** と言う)。

　　この第 5 文型をよく取る動詞というのがいくつかあるので、これを覚えておくと、文章を書く時だけではなく、話す時にも役に立ちます。

※ 第 5 文型を作る主な動詞

* 使役動詞：「O に C させる / してもらう 等」have, help, let, make, etc.

　「昨日 リサは、美容院で 髪の毛を 切って もらいました。」（→ 髪が切られる）

　Yesterday, Lisa　had　her hair　cut　(at) the beauty salon .　　　　🐟 8
　M(副詞)　　S　　V　　　O　C(過去分詞)　　M(前置詞句)

* 知覚動詞：「O が C するところを見る / C するのを感じる 等」feel, hear, see, watch, etc.

　「先週 ユミは、ヒロシが 秋葉原の AKB 劇場に 入るところを 見た。」(→ ヒロシが入る)

　Last week, Yumi　saw　Hiroshi　enter　the AKB theatre　(in) Akihabara .
　M(副詞句)　　S　　V　　O　　C(原形)　　　　　　　M(前置詞句)

* call パターーン：「O を C と呼ぶ (名づける) / C に選ぶ 等」 choose, elect, name, etc.

　「私達は ルイを、私達のチームの キャプテンに 選びました。」

　We　elected　Rui　captain of our team .
　S　　V　　　O　　C

* keep パターーン：「O を C(の状態) にする / にしておく 等」get, leave, make, paint, etc.

　「そのコーチは、リエコを 素晴らしい水泳競技者に した。」

　The coach　made　Rieko　a great swimmer .
　　S　　　V　　　O　　　　　C

* think パターーン：「O を C と思う / だと気付く 等」 believe, find, etc.

　「私は帰宅すると、母が ソファで 眠りこんでいるのに 気付きました。」

　I　found　my mother　asleep　(on) the sofa　(when) I came back home .
　S　V　　O　　　C　　M(前置詞句)　　接　　M(副詞節)

　　ここまで、英語に於ける 5 つの基本的な文型を学んできましたが、日本文と英文を比較すると、語順に相違点があるということに気付くでしょう。実際、日本人が英語を書いたり話

したりする力を身に付ける上で、その相違点が一つの障害となっています。しかし、ドイツ語のように、英語と語順や文法が似ている言語を使っている学習者の場合、母語の語順のフォーマットの中で、使う語句を変えるだけとなるので、日本人の英語学習者と比べると、英語をマスターすることが、比較的容易だと言えると思います。そこで、日本人の英語学習者が英語力を伸ばすうえでの注意点を、少し加えておきましょう。

※ 英語と日本語の語順は？

　英文も日本文も、基本的には主語が最初に来るのは同じなのだが、その次に来るものが、英文では **V（動詞）**、日本文では **V 以外** の部分が来る。例えば、☞ 8 の例文だが、

　　英語: Lisa　had　her hair　cut　at the beauty salon .
　　　　　 S　　V　　 O　　C　　　　M

　日本語: リサは　美容院で　髪の毛を　切って　もらいました。
　　　　　 S　　　 M　　　 O　　　 C　　　 V

となり、その違いを見ることが出来るでしょう。

　基本的に英語では、S の後ろに V、そしてその後ろには、文章の内容に応じて、**O（目的語）** や **C（補語）**、**M（文の要素にならない修飾語句）** が繋がっていきます。一方、日本語では、前述にもあるように、最初に S が来るのは英語と同じですが、その後は、基本的に文の要素にならない **M** が来て、その後に **O** や **C** が必要に応じて繋がり、最後に **V** が来ます。

　勿論、場合によっては日英どちらに於いても、これ以外の語順になることはありますが、この基本的な文章構造の違いを理解し、それに慣れていくということが、重要なカギとなると言えるでしょう。それがうまくいけば、英文を書く時だけではなく、読んだり話したりする時にも、確実に応用できます。併せて、基本的な文の種類も確認しておきましょう。

* **平叙文:**「〜 です（ではない）、〜 します（しません）」という意味を表し、<u>S＋V 〜</u>
　　　　（**否定** の場合は S の後ろの方に、次のように **not** が入る。| 一般動詞 | → do / does / did <u>**not**</u> ＋ 動詞の原形、| be 動詞 | → be＋<u>**not**</u>、| 助動詞 | → 助動詞 ＋ <u>**not**</u> ＋ 動詞の原形 、| 完了形 | → have / has / had **not** ＋ 過去分詞形）で表される文章。
　　　e.g. Many <u>people</u> <u>go</u> there to see a beautiful view. （多くの人が美しい景色を見るため
　　　　　　　 S　　　 V　　　　　　　　　　　　　　　　　 にそこに行きます。→ <u>肯定文</u>）
　　　　　 I <u>did</u> **not** <u>want</u> to join the club. （私はそのクラブに入りたくなかった。→ <u>否定文</u>）
　　　　　 S　　　 V

* **疑問文:**「〜 ですか、〜 しますか」という意味を表し、以下のように表される文章。
◇ 動詞が | 一般動詞 | → （現在）Do・Does /（過去）Did ＋S＋V の原形 〜 ？
　　e.g. **Did** you **attend** the party yesterday? （昨日パーティーに出ましたか。）
◇ 動詞が | be 動詞 | → （現在）Am ・Is ・Are /（過去）Was ・Were ＋S＋ 〜 ？
　　e.g. **Are** you happy now? （今は幸せですか。）　　**Was** it cold yesterday? （昨日は寒かった?）

◇ 動詞が 助動詞 → Can (Could, May, Must, Will, Would, etc.) ＋ S ＋ V の原形 〜 ？
　　e.g. **Can** you **finish** the work by noon? （昼迄にその仕事を終えることはできますか。）
◇ 動詞が 完了形 → Have (Has, Had) ＋ S ＋ V の過去分詞形 〜 ？
　　e.g. **Have** you ever **visited** Canada? （今までにカナダを訪れたことはありますか。）
◇ 付加疑問文 (確認や同意を求める時に使う) → S ＋ 肯定/否定文 〜 ，　否定/肯定 ＋ S の代名詞?
　　e.g. He <u>was</u> at home, was<u>n't</u> he? （彼は家にいましたよね。）
　　　　 You <u>won't</u> go there, <u>will</u> you? （そこには行きませんよね。）
Cf. <u>Let's</u> 〜, **shall we?**　　<u>命令文</u> 〜, **will/won't you?**　　<u>There</u> ＋ be ＋ S 〜, **be not there?**
　　確認は <u>上げ</u>、同意は <u>下げ調子</u> で読む (be not → S によって isn't, aren't 等とする)。

* 命令文:「〜 しなさい、〜 してはいけません」という意味を表し、**動詞の原形 / Don't ＋**
　　　　　動詞の原形 〜 と、<u>主語を省略</u> した形で表される文章。
　　e.g. **Do** it right now.　（今すぐそれをやりなさい。）
　　　　 Don't be noisy.　（うるさくしてはいけません。）
* 感嘆文:「<u>なんて 〜 なのだろう</u>」という意味で、**名詞、形容詞 / 副詞 を強調** し、以下
　　　　　のように表される文章 (冠詞は必要であれば入れる)。
◇ 名詞 を強調 → **What ＋ (冠詞) ＋ 形容詞 ＋ 名詞 ＋ S ＋ V!**
　　e.g. **What** a **beautiful** boy my son is!　（なんて僕の息子は可愛らしいのだろう。）
◇ 形容詞 / 副詞 を強調 → **How ＋ 形容詞 / 副詞 ＋ S ＋ V!**
　　e.g. **How well** that little girl is playing the piano!
　　　　 （あの幼い少女は、なんて上手にピアノを弾いているのだろう。）

* 単文・複文・重文
◇ 単文 → **S ＋ V** が文中に **1 組** だけしかない文章。
　　e.g. My <u>father</u> <u>is leaving</u> home in a minute. （私の父は、直ぐに家を出るでしょう。）
　　　　　　　　 S　　　 V
◇ 複文 → **S ＋ V** が文中に **2 組** あり、それらが **従位接続詞** で結ばれている文章。
　　e.g. <u>We</u> <u>found</u> <u>that</u> there <u>was</u> a strange <u>hall</u> in the field. （野原に奇妙な穴があること
　　　　 S　 V　 従・接　　　 V'　　　 S'　　　　　　　　 に、私達は気づいた。）
◇ 重文 → **S ＋ V** が文中に **2 組** あり、それらが **等位接続詞** で結ばれている文章。
　　e.g. (S) <u>Wake up</u>,　**or**　<u>you</u> <u>will miss</u> the train. （起きなさい、さもないと電車に
　　　　　　　 V　　　 等・接　 S'　　 V'　　　　　　　　　 乗り遅れるよ。）
Cf. 混文 → <u>単文と複文</u>、<u>複文と複文</u> が **等位接続詞** で結ばれて成立している。
　　e.g. <u>I didn't know what I should say</u>,　**so**　<u>I kept silent</u>. (何を言うべきか分からなかっ
　　　　　　　　　 複文　　　　　　　 等・接　　 単文　 たので、私は黙っていた。)

　　これらのポイントが分かっていれば、後は使う語句を知っているか否かの問題になるので、
語彙力を増やせば良いだけですが、勿論、他にもある程度の文法的な知識は必要となります。
加えて、前述にもあるように、英語を使うことに慣れなければなりません。何故なら、学ん

だ知識を使う練習量を増やさないと、**習得** するまでには至らないからです。「継続は力なり」、努力を積み重ねていけば、少なくても今よりは英語力が伸びていくはずです。

Exercise 2

1. 各文のＳ・Ｖ・Ｏ・Ｃをそれぞれ答えなさい(要素が無い場合は答えなくてもよい)。

(1) Jennifer will be an English teacher in Japan next year.

(2) Yesterday, I met my old friend in front of Tokyo Station.

(3) We chose Bob chairperson of this committee last month.

(4) Our teacher told us that we would take a small test in class.

(5) We have to paint the wall a bright color that Satomi likes.

(6) Last month, my aunt gave me a birthday present.

2. それぞれの英文の文型を答えなさい。

(1) I found Tom's cool jacket in the locker room.

(2) Michael found her a nice necklace in the shop two days ago.

(3) She kept quiet while her father was preaching to her.

(4) A new restaurant will open near Yokohama station next week.

(5) We should not have elected him president of this country.

(6) Keith returned to Hawaii to find himself a star.

3. 2 文がほぼ同じ意味になるように、カッコ内に適語を入れなさい。

(1) Kent will cook me beef stew this evening.

　= Kent will cook (　)(　)(　)(　) this evening.

(2) My mother sent me delicious melons yesterday.

　= My mother sent (　)(　)(　)(　) yesterday.

Answers: 1. (1) S: Jennifer　V: will be　C: teacher　(2) S: I　V: met　O: friend　(3) S: We V: chose　O: Bob　C: chairperson　(4) S: teacher　V: told　(I)O: us　(D)O: that ～ class (5) S: We　V: have to paint　O: wall　C: color　(6) S: aunt　V: gave　(I)O: me　(D)O: present　**2.** (1) 第 3 文型 [S: I　V: found　O: jacket]　(2) 第 4 文型 [S: Michael　V: found (I)O: her　(D)O: necklace]　(3) 第 2 文型 [S: She　V: kept　C: quiet]　(4) 第 1 文型 [S: restaurant　V: will open]　(5) 第 5 文型 [S: We　V: should not have elected　O: him C: president]　(6) 第 1 文型 [S: Keith V: returned]　**3.** (1) beef stew for me　(2) delicious melons to me

　文章レベルで英語を使う場合は、日本語と同様に、必ず動詞を使うこととなります。この文章レベルで、ある程度まで書いたり話したりできるようになったら、「いつのこと」なのかを、はっきり表わす必要も出てきます。昔の事を「～ です、～ します」、未来の事を「～ でした、～ した」と表現したら、相手に混乱を与えるでしょう。そのような時に注目すべきことは、動詞の **時制** です。そこで、その時制について次章で学んでいきましょう。

III. 時制 Part 1 (Tenses – Past, Present, & Future)

　英語に於いても日本語と同様に、動作、状態、出来事が、いつの事なのかを表す必要があります。よって、それぞれの **時間的な位置** を表すために、「昔の事」であれば **過去形**、「今の事」であれば **現在形**、「これから先の事」であれば **未来形** といった **時制** を使います。

1. 今の事 を言いたい!

　今現在の動作・状況や状態を表す時　→　動詞は **現在形** を使う!

(1) 動作・状態 を表す時:「～ する」・「～（の状態）です」・「～ がある ／ いる」

e.g.「私はカリフォルニア大学に　通っています。」　I **go** to California University. （動作）

　　　「東京ディズニーランドは、千葉県に　あります。」

　　　Tokyo Disneyland **is** in Chiba Prefecture. （状態）

Note: 主語が **三人称単数**（代名詞の **she**、**he**、**it** に相当するもの、**数えられない名詞**）の時は、動詞の後ろに **-s**、または、**-es** を付ける（但し、have は **has** にする）。

　e.g.「学校の皆はジョンの事を　知っている　よ、何故なら、彼は生徒たちの中で一番

　　　　歌うのが上手いからね。」　Everybody in our school **knows** John because he sings

　　　　(the) best of all the students.

　今現在の動作や状態を表す時は、現在形を使うということは理解できたと思いますが、それ以外に、以下のような時にも現在形を使うので覚えておきましょう。

(2) 反復的・習慣的動作 を表す時

　現在に於いて、繰り返し、日常的に、何かを行っているという場合は、「～しています」という意味を表していても、基本的に動詞は **現在形** で表します。

e.g.　「毎週末に私達は、カラオケに　行っています。」　We **go** for karaoke every weekend.

　　　「1 日に 4 回、Mary は歯を　磨きます。」　Mary **brushes** her teeth four times a day.

　　　「彼女の姉は、東京のテレビ局で　働いています。」

　　　Her sister **works** for a television station in Tokyo.

　　　「私の父は、大抵朝食前に　散歩をしています。」

　　　My father usually **takes** a walk before breakfast.

27

Note :　always、every ～、often、usually、回数を表す語句（once, twice, ～ times）等といった、**頻度を表す副詞** を伴うことが多い。　　　　　　　　　☜ 1 参照

(3) 普遍の真理・諺 等を表す時

どんな場合においても例外無くあてはまる知識や判断、誰が何と言おうと変わることは無い事実、昔から言い伝えられていること等を表わす時は、動詞は <u>現在形</u> を使います。

e.g.「日本には四季が <u>ある</u>。」　　　　　　Japan <u>has</u> four seasons.

　　「月は地球の周りを <u>動いている</u>。」　　The moon **goes** around the earth.

　　「5 の 3 乗は 125 <u>です</u>。」　　　　　The cubic of 5 <u>is</u> 125.

　　「こぼれたミルクを嘆いても無駄 <u>です</u>（覆水盆に返らず）。」

　　　　It <u>is</u> no use crying over spilt milk.

(4) 確定的な未来 を表す時

未来を表す語句を伴い、「（ほぼ確実に）～ する、～ になる」というように、よほどのことが無ければ、未来に於いて実行される予定や事柄、未来における状況を表す時は、動詞は <u>現在形</u> を使います。　　　　　　　　　　　　　　　　　　　　　☜ 9

e.g.「T. Swift のコンサートは、武道館で夕方 6 時に（ほぼ確実に）<u>始まります</u>。」

　　The concert of T. Swift **starts** at Budokan at 6 o'clock in the evening.

　　「私達が搭乗することになっている飛行機は、夜遅くにニューヨークに向けて、

　　（ほぼ確実に）羽田を <u>出発します</u>。」 The airplane which we are supposed to board

　　　　　　　　　　　　　　　　　　leaves Haneda for New York late at night.

Note : arrive、come、go、leave、start 等、「<u>往来・発着</u>」を表す動詞に多いパターン。

(5) 副詞節の中で未来 を表す時

時、条件を表す節（接続詞＋ S'＋V'）は、副詞と同じ働きをするので <u>副詞節</u> と呼ぶ。その副詞節の中で未来を表す時は、動詞の <u>現在形</u> を使って未来を表す。　　　　☜ 10

e.g.「明日、あなたがホテルに着く時間に電話するわ。」

　　Tomorrow, I will call you 　[<u>when</u> 　<u>you</u> 　<u>arrive</u> 　at the hotel].

　　　　　　　　　　　　　　　　接　　S'　V'(×will)　　↑副詞節

　　「もし次の日曜日に天気が良かったら、ピクニックに行こう。」

　　Let's go on a picnic 　[<u>if</u> 　it 　　<u>is</u> 　　fine next Sunday].

　　　　　　　　　　　　　　接　　S'　V'(×will)　　↑副詞節

Note: 接続詞の 'if' は、「〜 かどうか」という意味でも用いられるが、その時は、名詞と同じ働きをする **名詞節** となり、その中で未来を表す時は、**will が必要** となるので注意!

e.g. 「明日晴れる かどうか を、あなたは知っていますか。」

Do you know [| if | it **will** be fine tomorrow] ?

接　　S'　V'(◯will)　　⇑ 名詞節　　　　　　　☜ **3 参照**

2. 昔の事 を言いたい!

今より前に行われた動作・昔の状況や状態を表す時 → 動詞は **過去形** を使う!

(1) 動作・状態 を表す時: 「〜 した」・「〜 (の状態) でした」・「〜 が あった / いた」

e.g. 「昨日私のいとこは、(その)パーティーでピアノを 弾いた。」　(動作)

Yesterday, my cousin **played** the piano at the party.

「シルヴィアは若い頃、(彼女は) 歌手 でした。」　(状態)

Sylvia **was** a singer when she was young.

過去に行った動作や過去の状態を表す時は、過去形を使うということは理解できたと思いますが、それ以外に、以下のような時にも過去形を使うので覚えておきましょう。

(2) 反復的・習慣的動作 を表す時:「(よく、いつも 等) 〜 した / していた」

過去に於いて、繰り返し、日常的に何かを行っていたという場合は、「〜していました」という意味を表していても、基本的に動詞は **過去形** で表します。

e.g. 「私は子供だった頃、(私は) よく 友達とサッカーを していた。」

I often **played** soccer with my friends when I was a little boy.

「ミカは若かった頃、毎週 土曜日に家でパーティーを した。」

Mika **gave** a party at her house every Saturday when she was young.

「(彼女は)トロント大学の入試に合格したかったので、その当時シェリーは、

大抵 遅くまで 起きて、一生懸命 勉強していました。」

Because she wanted to pass the university entrance examination at the Univ. of

Tronto, Sherry usually **sat** up late and **studied** hard in those days.

Note: always、every〜、often、usually、回数を表す語句 (once, twice, 〜 times) 等といった、**頻度を表す副詞** を伴うことが多い。　　　　　☜ **1 参照**

(3) 主節が過去時制 を表す時

　複文（P15、25 参照）が使われている場合、主節と従属節の 時制にずれが無い 時は、主節が過去時制 であれば、従属節もそれに従い過去時制 となる（時制の一致）。

e.g. 「ベッツィーは、その時ジャッキーが嘘をついたと 思いました。」

　　　$\boxed{\text{Betsy \quad thought}}$　$[$　$\boxed{\text{that}}$　Jackie　told　a lie then $]$.

　　　主節 ↑ S　　V(過去)　　　接　　S'　V'(過去)　　　↑ 従属節

　　「ヒロヤは、ナンシーが必ずその街に戻って来ると 信じた。」

　　　$\boxed{\text{Hiroya \quad believed}}$　$[$　$\boxed{\text{that}}$　Nancy　would　surely come back to the town $]$.

　　　主節 ↑ S　　V(過去)　　　接　　S'　V'(過去)　　　　　　　↑ 従属節

Note: 従属節は主節に従わなければならないが、従属節が 普遍の真理・諺・言い伝えられている事 等を表す時は、時制の一致をとらない !!

　e.g. 「私達の先生は、必要は発明の母 だと、私達に 言いました。」

　　　　（昔から言い伝えられている 偉人の言葉）

　　　$\boxed{\text{Our teacher \quad told}}$　us　/ $[$　$\boxed{\text{that}}$　necessity　is　the mother of invention $]$.

　　　主節 ☞　　S　　V(過去)　　　接　　S'　V'(現在)　　　☜ 従属節

3. 先の事 を言いたい!

　これから先の段階に於いて行う動作や、これから先に起こる状況や状態を表す時

　→ 動詞は 未来形 （一般的に未来を表す助動詞の will と共に動詞）を使う!

　→ すなわち、動詞の部分を will + 動詞の原形 にする!

　未来の動作・状態が、主語の意志によって起こる場合を 意志未来 、主語の意志に関係なく起こる場合を 単純未来、と言います。

(1) 動作・状態 を表す時: 「〜 する だろう/ つもりだ/ でしょう」（意志未来）・

　　　　　　　　　　　　「〜 （の状態に）なるだろう、〜 がある/いるだろう」（単純未来）

e.g. 「私はその試合で、最後まで 戦うつもりです。」（意志未来）

　　　I will fight to the last in the match.

　　「もしあなたが急げば、始発列車に間に合う （状態になる）だろう。」　（単純未来）

　　　You will be in time for the first train if you hurry.

「明日は雨に なるだろう。」　It **will** be rainy tomorrow.　（単純未来）

「来年私は、オーストラリアへの旅行を 計画するでしょう。」　（意志未来）

　I **will** plan a trip to Australia next year.

「君はジャックの命令に 従わなければならないだろう。」

　You **will** have to obey orders given by Jack.　（単純未来）

Note: 未来における話者の意志→ S が I/We の時は、基本的に **話者＝S の意志** を表す。　🐦 11

　未来における動作・状態を表す時は、<u>助動詞 will</u> を用いて動詞を未来形にするということは理解できたと思いますが、それ以外に、以下のような方法でも未来形を表すことが出来るので、覚えておきましょう。

(2) <u>be going to ～</u>　を使う

　これは口語でよく使われるもので、will とほぼ同じ意味の表現として、中学時代に覚えた人も多いのではないでしょうか。では実際に、未来は未来でも、どのような事を表す時に使うものなのかを、チェックしてみましょう。

☆ 予言的な事

* 一般的に <u>近い</u> 未来の事:　「きっと ～ するだろう」

e.g.「明日トムはその試合に、きっと勝つだろう。」　He **is going to** win the game tomorrow.

* 大抵は <u>近い</u> 未来の事:　「～ するだろう」

e.g.「アサミがその失恋を克服するには、半年は かかるだろう。」

　　It **is going to** take Asami half a year to get over the broken heart.

* <u>ごく近い</u> 未来の事:　「(今) ～ しようとしている」　　　　　　　🐦 12

e.g.「ミカは (今) ジョージと 離婚しようとしています。」 Mika **is going to** divorce George.

☆ 計画・予定

* 計画的な意図:　「～する・になる つもりだ」

e.g.「ヒロは大学卒業後、ミュージシャンに なるつもりだ。」

　　Hiro **is going to** be a musician after graduation from university.

* <u>近い</u> 未来の予定:　「～ する・がある 予定です、～ することになっている」　🐦 13

　e.g.「今晩横浜アリーナで、MJ のコンサートが あります (ある予定です)。」

　　There **is going to** be MJ's concert at Yokohama Arena this evening.

Cf. 確実性の高い場合は <u>**will**</u>、そうではない場合は <u>**be going to**</u> を使うことが多いようだ。

Note: これもごく近い未来の事を表すが、「まさに 〜 しようとしている」という意味を表す時は、**be about to** 〜 という表現を使う。

  e.g.「彼は子供を救助するために、まさに 海に 飛び込もうとしている。」

      He <u>**is about to**</u> jump into the sea to rescue his child.

(3) 誰かの意志

   ☜ 11 で S が I/We の場合は、基本的に <u>話者の意志 ＝S の意志</u> と学びましたが、「未来に於ける <u>話者以外の意志</u> を表す」(S が 2・3 人称で <u>話者の意志 ＝S の意志ではない</u>)、また、「**相手の意志** を確認する」(S が 1 人称) という場合は、will ではなく、助動詞 <u>**shall**</u> と共に動詞を使いましょう。

* 話者(実際に話している人) の意志：「〜 してあげよう (→ S が 〜 するだろう)」

e.g.「君にその宝物を全て やろう (→ 君がその宝物を全て持つだろう)。」

     You <u>**shall**</u> have all the treasure.　(<u>文の S は 'You' だが宝物をあげる人ではない!</u>

     → <u>これを話している人の意志</u>! → I <u>**will**</u> let you have all the treasure. の意味)

Note :   特にイギリス英語において、古風・文語的な表現として使われるが、口語では **will** を用いた表現を使うことが多いようだ。

* 相手 の意志を尋ねる：「**(自分が)・(一緒に)** 〜 しましょうか」

e.g.「明日また、お電話 しましょうか。」　　**Shall** I call you again tomorrow?　(申し出)

    「来週、湘南海岸にサーフィンをしに 行こうか。」

     Shall we go surfing in Shonan Beach next week?　(誘い・提案)

Note :   自分が動作を行う場合の S → I ・ 周りにいる人も動作を行う場合の S → **we**

(4) その他

  確定的 な未来を表す時、**副詞節** の中で未来を表す時は、will や shall を使わず、<u>現在形</u> を用いて未来を表す。　　　　　　　　　　　　　　　☜ **9・10 参照**

Exercise 3

1. カッコ内の動詞を、それぞれ適当な時制の形に直しなさい。

(1) This coming spring semester (start) on April 7th.

(2) "You've already been back to Japan.　When (do) you leave Hawaii?"

(3) We will take a short trip if it (be) fine tomorrow.

---

(4) I (visit) him next week.　(5) Emma (play) tennis every Sunday.

(6) A few days ago, Ellen (come) to try the activity all the way from England.

(7) Marvin often (go) to Broadway to see musicals when he was in New York.

(8) May (have) a stomachache this morning, but she (be) O.K. now.

(9) My teacher told us that time (be) money.

(10) Everybody knew that Miku (be) a famous pop star.

2. 日本文の意味になるように、カッコ内に適語を入れて文章を完成させなさい。

(1) 私達は来年、パリで芸術を勉強することになっています。

　　We (　)(　)(　)(　) arts in Paris next year.

(2) 彼女の夫は横浜に行こうと、まさに家を出るところだった。

　　Her husband (　)(　)(　)(　) home for Yokohama.

Answers: 1. (1) starts　(2) did　(3) is　(4) will visit / am going to visit　(5) plays　(6) came

　　(7) went　(8) had・is　(9) is (P30 参照)　(10) was / had been　**2.** (1) are going to study

　　(2) was about to leave

　「～する、～です」といったことを、過去、現在、未来に於いて表現したい場合は、どの時制を使い、動詞をどのような形に変化させるかは理解できたと思いますが、「～している」という　**動作の継続**　を表す場合は、ここで学んだ時制だけでは不十分です。では、どのような動詞の形をとるのかを、次章で学んでいきましょう。

＊ *One point English! ～ どっちにする？ ～*

　マクドナルドやバーガーキング等のファスト・フード・レストランで注文をし終えると、持ち帰りか店内で食べるかを店員に聞かれますが、言っている単語は、

　　"**For here or to go**?"（店内で食べますか、それとも持ち帰りますか。）

と５つでも、１まとめに早口で言うことも多く、その言い方を聞くことに慣れていないと、戸惑ってしまう人がいるかもしれません。しかし、聞かれる事は何処でも同じだと思うので、落ち着いて、

　　"**For here** (, please)."（店内で）/ "**To go** (, please)."（持ち帰りで）

と、どちらかを答えましょう。「持ち帰り」は日本と同様に、'take out' を使う地域もあります(イギリス、オーストラリア等)。

　ちなみに、映画館の売店でポップコーンを頼むと、トッピングとして溶かしバターを加えてくれる所もありますが、そういったサービスがあるのを知らなかった私は、店員が言った言葉が "Barrel?" に聞こえ、樽のような容器に入れる特大サイズにするかと聞かれたと思い、"Regular." と答えると、店員がピンとこないような表情をしたので、"What did you say?" と確認をしたら、"**Butter?**"（バターをかけるかい？）と聞かれていたことに気付いたという経験があります。

IV. 時制 Part 2 (Tenses - the Progressive Tenses)

　英語に於いて、「〜 した」、「〜 する」、「〜 するだろう」と、1 点に於ける動作を表す時には、動詞をそれぞれの時制に合わせて、**過去形、現在形、未来形** にしますが、「〜 していました」、「〜 しています」、「〜 しているだろう」と、**1 点周辺で動作が進行・継続している** ことを表す時には、それを単なる過去形、現在形、未来形だけで表すことは出来ないので、異なる動詞の形を使う必要が生じます。そんな時には、動詞の部分を 'be + 〜ing' にすれば、動作が **進行中・継続中** ということを表わせます。この形を **進行形** と呼びます。

1. 今 *動作が進行・継続中*

　　→ 動詞の部分は **is / am / are + 〜ing**　（現在進行形）！

(1) 進行・継続中 の動作:　「〜 しています」

e.g.「私は今、英語の歌を 聴いています。」

　　　I'm listening to an English song now.

　　　「彼は今、アメリカにいる友達に 電話をかけています。」

　　　He is calling his friend in America now.

現在

過去 ◀━━━●━━━▶ 未来

この辺りで 進行/継続中 ！

⇓

現在進行形

　現在における進行・継続中の動作を表す時は、現在進行形にするということは理解できたと思いますが、それ以外に、以下のような時にも現在進行形で表すことが出来るので、覚えておきましょう。

(2) 反復的・習慣的 動作を表す → 「〜 をよく / ばかり しています」

　「**盛んに、いつも、絶えず**」 等の副詞を伴う場合は、しばしば現在における **感情的な色彩** を含む(不承認・非難・苛立ち等)。　　　　　　　　　　　　☞ 14

e.g.「近頃マイクは、盛んに野球を しています。」　　　（一時的習慣）

　　　Mike is playing a lot of baseball recently.

　　　「いつもケンは、恋人の 不満ばかり言っている。」　　　（連続的習慣）

　　　Ken is always complaining about his girlfriend.

(3) 近い未来 の「はっきりとした予定」や「動作」を表す

　　→ 「〜 しようとしている、〜 することになっている」　　　☞ 12・13 参照

e.g. 「佳祐は9月に宮城県でコンサートを することになっています。」

　　　Keisuke **is giving** a live concert in Miyagi Prefecture in September.

　　「まもなく当機は JFK 空港に 着陸します。」

　　　This plane **is landing** at JFK International Airport shortly.

Note : 近い未来とは、一般的に **1 年以内位** を目処としているようです。

2. 過去 に於いて動作が進行・継続中

　→ 動詞の部分は **was / were ＋ ～ing** （過去進行形)! 　過去 ◄━━━●━━━► 現在

(1) 進行・継続中 の動作 → 「～ していました」 　　　　　　　この辺りで 進行/継続中 ！

e.g. 「今朝6時は、私は未だ 寝ていました。」 　　　　　　　　　　　　⇓

　　　I **was** still **sleeping** at six o'clock this morning. 　　┌─────────┐
　　　　　　　　　　　　　　　　　　　　　　　　　　　　　　　　│ 過去進行形 │
　　「昨日彼が私に電話をしてきた時、私はシャワーを 浴びていました。」 └─────────┘

　　　I **was taking** a shower when he called me yesterday.

　過去における進行・継続中の動作以外に、以下のような時も過去進行形で表すことが出来るので、覚えておきましょう。

(2) 反復的・習慣的 動作を表す → 「～ をよく / ばかり していました」

e.g. 「当時クリスティーナは、カナダで よくスキーをしていた。」

　　　Christina **was** often **skiing** in Canada in those days. 　　（一時的習慣）

　　「ジョンはその会議で、いつも おしゃべりばかりしていた （→ 迷惑だった)。」

　　　John **was** always **chattering** in the meeting. 　　　　　（連続的習慣）

Note: 時制の違いはあるが、基本的に使い方は現在進行形の場合と同じ。　　🕿 **14 参照**

(3) 過去の一点から見た近い未来 の 「動作」 や 「はっきりとした予定」 を表す

　　→ 「～ しようとしていた、～ することになっていた」

e.g. 「自分は翌日に横浜に 着くことになっていたと、彼は話した。」

　　　He said that he **was arriving** in Yokohama the next day. 　（「着く」方が<u>先</u>のこと）

　　「私達はその日の夜に、Miki の誕生日のパーティーを 開くことになっていた。」

　　　We **were giving** Miki's birthday party that night. 　（話している時より<u>先</u>に「開く」）

35

Note: 同じ過去のことでも、より <u>現在に近い 方</u> の時制がある場合に使う。

3. 未来 に於いて動作が進行・継続中

　　→ 動詞の部分は **will be + ～ ing**（未来進行形）!

(1) 進行・継続中 の動作

　　→ 「～しているでしょう」（推量の意も含む）

e.g. 「来週のこの時間位に、彼はハワイで <u>サーフィンを</u>

　　<u>しているでしょう。</u>」　He **will be surfing** in Hawaii about this time next week.

　　「1月末は、私達は一生懸命に、学期末試験の <u>勉強をしているでしょう。</u>」

　　We **will be studying** hard for final exams in the end of January.

(2) <u>成り行き上行う・当然起こると予想される</u> 動作 →　「～ することになるでしょう」

e.g. 「いつかまた、私の兄はその仕事を <u>やることになるでしょう。</u>」　　　　☜ 15

　　My brother **will be doing** the work again someday.　　　（成り行き上）

　　「マサハルとカズエは、途中で <u>すれ違うことになるでしょう。</u>」（当然）

　　Masaharu and Kazue **will be passing** each other on the way.

Note: <u>置かれている 状況の流れ</u> から、未来に於いてその動作をすることになる場合に使う。

4. 進行形にしない動詞

　「継続・永続的状態」、「心理的状態」、「知覚・感覚」 を表す動詞 は、「～ して いる /
いた」 という意味を表していても、基本的に <u>現在 / 過去形</u> で表します。

* 基本的に進行形にしない動詞

become, believe, belong, have, hear, know, like, live, love, notice, realize, recognize,
remember, resemble, see, smell, taste, want, etc.

e.g. 「私はハワイ大学で野球部に <u>所属していました。</u>」

　　I **belonged** to the baseball team at University of Hawaii.　（継続的状態）

　　「私達は、彼がチームのキャプテンになるべきと <u>考えています。</u>」

　　We **think** that he should be captain of our team.　　　（心理的状態）

　　「誰かが泣いているのが <u>聞こえます。</u>」　I **hear** someone crying.　（知覚・感覚）

Note：「主語の意志による動作」、「一時的な状態」、「感情を込めて言う」等を表す、「**always・already** 等の副詞を伴う」といった場合は、進行形が使えるものもある。🐟 **16**

e.g. 「私の母は今、そのシチューの 味見をしています。」
　　　 My mother **is tasting** the stew now. 　　　　　（意志）
　　　 「私は、その問題の答えを 思い出しているの。」
　　　 I'm **remembering** the answer of the question. 　（一時的）

Note：　**have** は表す意味によっては、進行形で表すものもある。

e.g. 「その時彼らは、あのレストランで昼食を 取っていました。」
　　　 They **were having** lunch at that restaurant then. 　　　　（= eating）
　　　 「私の家族は皆、スペインで素敵な時間を 過ごしています。」
　　　 All my family members **are having** a great time in Spain. 　（= spending）

　第Ⅲ章から、動作、状態、出来事が、それぞれの時制の **1 点に於いて起こる** 場合は、動詞を **過去形、現在形、未来形** に、また、第Ⅳ章からは、それぞれの時制の **1 点周辺で動作が進行・継続している** 場合には、動詞を **進行形** にするということは理解できたでしょうか。実際、これらの時制が分かっていれば、文章レベルで英語を話したり、書いたりすることが、基本的にはできます。しかし、「これら以外の時制はあるのだろうか」といった疑問をお持ちの方もいると思います。それを次の章でチェックしていきましょう。

Exercise 4

1. カッコ内の動詞を使い、それぞれ下線部を適当な時制（過去・現在・未来形、進行形）に直しなさい。直す必要が無ければ、変えなくてもよい。

(1) He <u>always (talk)</u> about his wife when we meet him. (2) This flower <u>(smell)</u> sweet.

(3) I <u>(believe)</u> that he can pass the test. 　(4) Miku <u>(play)</u> the guitar now.

(5) We <u>(paint)</u> the roof here at this time tomorrow.

(6) The next day, Candi <u>(come)</u> to the party, but she didn't showed up.

(7) I <u>(hear)</u> a faint sound from next door carefully.

(8) My sister <u>often (go)</u> to the restaurant when she was a college student.

(9) His company <u>(hold)</u> a golf competition this afternoon as usual.

2. 日本文の意味になるように、下線部を埋めて文章を完成させなさい。

(1) 彼がそこに行けば、歌を歌うことになるでしょう。　He ＿＿＿＿＿ if he goes there.

(2) 私達は既に、その女優を気にいっていました。　We ＿＿＿＿＿ the actress already.

Answers: 1. (1) is always talking 　(2) smells 　(3) believe 　(4) is playing 　(5) will be painting 　(6) was coming / was going to come / would come 　(7) am hearing 　(8) was often going 　(9) holds 　**2.** (1) will be singing a song 　(2) were liking
　※ 1.(7) 🐟 **16**参照 　(8) P35参照 　(9) 🐟 **9**参照 　2.(1) 🐟 **15**参照 　(2) 🐟 **16**参照

V. 時制 Part 3 (Tenses - the Perfect Tenses)

　昔の事、今の事、これから先の事を表す時は、動詞を **過去形**、**現在形**、**未来形** にしますが、「**過去** から **現在**」、「**過去の一点** から **過去の別の点**」、「**過去 / 現在** から **未来**」という、**2点間** の流れの中で起きる出来事を表す時は、どうすれば良いでしょう。

1.　「過去 から 現在」

　過去の一点で始まった 動作・状態が、**現在** に於いて「**終了** したところです」(完了)、または、**現在** まで「**〜 (の状態) です、〜 している**」(継続)、さらに、**過去から今まで** の間で「**〜 を 経験したことがある**」(経験)ということを表わしたい!!

→ 動詞の部分を **have / has + 過去分詞** にすればよい。この形で表す時制を **現在完了形** と言います。

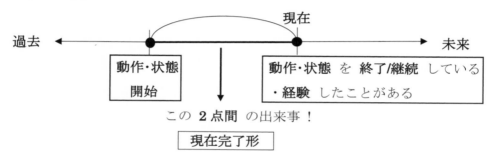

この **2 点間** の出来事 !

現在完了形

Note: 日本語を英語に訳す時には、**過去** から **現在** までの間の事であれば **現在完了形** という概念を、しっかりと頭の中に定着させておくこと。また、現在完了形が使われている英文を訳す時は、**現在時制が含まれる** ので、過去と断定する「**〜 した**」という訳し方は、基本的には避けた方が良い。

Note: 過去をハッキリ表す語句とは一緒に使わない!!　　　　　　　　　　　　　　🖝 17
　　e.g. just now, yesterday, 〜 days (weeks, months, years) ago, last night (day, month, year), When 〜? (過去の事を問う場合), etc.

　完了形で使われる用法をチェックしていきましょう。

(1)「〜 したところです」(完了用法)
　過去の一点で始まった動作・状態 が、**現在に於いて終了** という時に使う用法。

e.g. 「ビッグ・ベンが、午前 10 時を丁度 鳴らした(打った)ところです。」

Big Ben **has** just **struck** ten o'clock in the morning.

「Ai は今、自分の部屋の掃除を し終えたところです。」

Ai **has finished** cleaning her room now.

「2 時間前にミワは自分の家を出たが、まだ渋谷に 着いていません。」

Miwa left house two hours ago, but she **hasn't reached** Shibuya yet.

(2) 「〜 (の状態) です、〜 しています」 (継続用法)

過去の一点で始まった動作・状態 が、**現在まで続いている** という時に使う用法。

e.g. 「カリナは 5 ヵ月間仕事を 休んでいます。」

Karina **has been** absent from the office for five months.

「ケンと私は、幼い頃から友達 (の状態が続いているの) です。」

Ken and I **have been** friends since we were little boys.

「私達の家族は、横浜に 5 年間 住んでいます。」

Our family **has lived** in Yokohama for five years.

Note: 継続用法は、動作・状態の両方を表すことは出来ますが、どちらかというと、**状態** を表す時が主で、**動作** の継続は、**現在完了進行形 (have / has been + 〜ing「(ずっと) 〜 し続けている」)** が主として使われている。　　　　　🖝 18

Note: 🖝 17 で、完了とは一緒に使えない語句が示されているが、'since' と一緒であれば、使える場合もある。

e.g. She **has been** sick in bed ⟨since⟩ two days **ago**.

(彼女は 2 日前 から 病気で寝ている。)

(3) 「〜 したことがある」 (経験用法)

過去から今までの間 で、**何かを経験したことがある** という時に使う用法。

e.g. 「私はジョンが他人の悪口を言うのを、今までに 1 度も 聞いたことがない。」

I **have** never **heard** John speak ill of other people.

「私達はこれまで、ハワイに 20 回以上 行ったことがあります。」

So far, we **have been** to Hawaii more than twenty times.

「あなたは今までに、辺野古海岸のような美しい場所を 訪れたことがあります か。」

Have you ever **v**i**s**ited a beautiful place like Henoko Beach?

Note: have / has been to 〜 は「〜 へ行ったことがある」(経験) という意味を表す時に用いるが、以下のように使われている場合は、「〜 へ行ってきたところだ」(完了) という意味を表す。

   e.g. They **have** just **been to** Haneda Airport to see off Akira.

    (彼らはアキラを見送りに、ちょうど羽田空港 へ行って来たところです。)

※ <u>完了用法</u> でよく伴われる副詞 – already, just, now, yet, etc.

  <u>継続用法</u> でよく伴われる語句 – for, How long 〜?, since, etc.

  <u>経験用法</u> でよく伴われる副詞(句)

  – before, ever, never, often, sometimes, 回数を表す語句 (once, twice, 〜 times), etc.

(4) その他

  (1)から(3)までの使い方の他に、**過去の一点で始まった動作・状態** が **現在に於いて終了** しているのだが、**その結果どうなっているのか** を表す時にも、<u>現在完了形</u> が使えます。この使い方は、<u>**結果に重点**</u> を置いているということから、**結果** 用法と言います。

e.g. 「テッドはサンフランシスコに向けて、日本を 発ってしまった / ている (その結果、ここには <u>いません</u>)。」   Ted **has left** Japan for San Francisco.

    「ローラは家に帰る途中でカギを <u>無くしてしまった / ている</u> (その結果、今は <u>持っていない</u>)。」   Laura **has lost** her key on the way home.

Note: have / has gone to 〜は「〜 へ行ってしまった (だからここにはいない)」(結果) を表すので、「行ったことがある」(経験) の意味を表す時には、使わないようにすること (口語では経験の意味を表す時にも使われているようだが、基本に従う方がベター)。

2. 「*過去* から *過去*」

  <u>過去の一点で始まった (より昔の方)</u> 動作・状態が、<u>**過去の別の点 (現在に近い方)**</u> に於いて「<u>**終了** したところでした</u>」(完了)、または、<u>**過去の別の点**</u> まで「<u>〜 (の状態) だった</u>、

〜 していました」(継続)、さらに、**過去の一点から過去の別の点** までの間 で「〜 を 経験したことがあった」(経験)ということを表わしたい!!

→ 動詞の部分を **had + 過去分詞** にすればよい。この形で表す時制を **過去完了形** と言います。

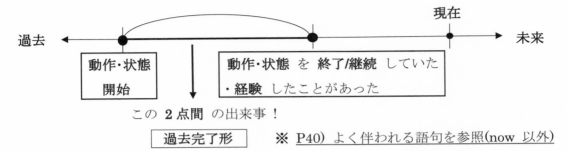

過去完了においても、現在完了形と同じ用法があります。

(1)「〜 したところでした」(完了用法)

　　過去の一点で始まった**動作・状態** が、**過去の別の点に於いて終了** という時に使う用法。

e.g.「Mikoto は、ちょうど朝食を 取り終えたところでした。」

　　Mikoto **had** just **finished** having breakfast.

　　「Bob はその雑誌を、まだ売店で 買っていませんでした。」

　　Bob **hadn't bought** the magazine at the newsstand yet.

　　「私達が着いた時には、最終電車は既に渋谷駅を 出ていました。」

　　The last train **had** already **left** Shibuya Station when we arrived there. ☞ 19

Note: ☞ 19 のパターンで言えることだが、複文の場合、主節・従属節の時制が両方とも過去であっても、どちらか一方が **より昔** の事であれば、それを表わすために、時制は過去形ではなく **過去完了形** にする。→ 大過去用法 ☞ 20

e.g.「Kyoka は Hiroto が誕生日にくれたスカーフを、私に見せてくれた。」

　　Kyoka <u>showed</u> me a scarf which Hiroto **had given** her on her birthday.

　　　　過去　　　　　　　　showed より 昔 の動作!→ **過去完了**

Note: 複文の場合、より昔を表す時制の動詞を過去完了形にしますが、次の場合の時には、**過去形** を用いることもある。

41

* 前後関係が分かる接続詞 が使われている（after, before, etc.）

e.g. 「私の妻は、私が帰宅する前に寝ていた。」

　　　My wife **went** to bed ⎡before⎤ I came home.

　　　　　→ came より昔の動作だけど 過去形！

* 時間的な 前後関係が重要視されていない

e.g. 「私達はそのドアを壊したのだが、私達の先生は私達を罰しませんでした。」

　　　Our teacher <u>didn't punish</u> us though we **broke** the door.　　（壊した事実に重点）

　　　　　　　　　　　　　　　punish より昔だけど 過去形！

(2)「〜 でした、〜 していました」(継続用法)

　　過去の一点で始まった動作・状態 が、過去の別の点まで続いていた という時に使う用法。

e.g. 「バービーのもとを訪れた時、彼女はニューヨークに 住んで 10 年が経過して いた。」

　　　Barbie **had lived** in New York for ten years when I visited her.

　　　「リンダは 5 年間、あの高校で音楽の先生を していました。」

　　　Linda **had been** a music teacher at that high school for five years.

　　　「あなたは夏休み中に、どの位ロンドンに 滞在していました か。」

　　　How long **had** you **stayed** in London during the summer vacation?

Note: 継続用法は、動作・状態の両方を表すことは出来ますが、どちらかというと、**状態** を
　　　表す時が主で、**動作** の継続は、現在完了形の時と同様に、**過去完了進行形 (had been**
　　　＋ 〜ing 「〜 し続けていた」）が主として使われる。　　　　　☞ 18 参照

Note: ☞ 17 で、完了とは一緒に使えない語句が示されているが、過去完了に於いても
　　　‘since’ と一緒であれば、使える場合もある。

e.g. Kenta **had been** in Asahikawa for several months ⬭since⬭ **last** spring.
　　　（去年の春 から 数か月間、健太は旭川にいました。）

(3)「〜 したことがあった」(経験用法)

　　過去の一点から、過去の別の点までの間 で、何かを経験したことがあった という時に
使う用法。

e.g. 「ロッキーは日本に来るまで、カッパ巻きを 食べたことが無かった。」

Rocky **had** never **eaten** a cucumber roll before he came to Japan.

「その女性は、前に私に 会ったことがある ので、すぐに私のことが分かりました。」

That woman recognized me instantly because she **had seen** me before.

「オーストラリアに行くまでに、コアラを 抱いたことはありました か。」

Had you ever **held** a koala before you went to Australia?

🔖 **20 参照**

Note: had been to 〜は「〜 へ行ったことがあった」(経験)という意味を表す時に用いる
　　　が、以下のように使われている場合は、「〜 へ行ってきたところだった」(完了)とい
　　　う意味を表す。

e.g. Ken **had** just **been to** Tsutaya to return rental DVDs.

　　　（ケンは借りたDVDを返しに、丁度ツタヤ に行って来たところでした。）

(4) その他

　(1)から(3)までの使い方の他に、**過去の一点で始まった動作・状態** が 過去の別の点に於い
て終了 したが、**その結果どうなったのか** を表す時には、現在完了形の時と同様に、**過去完**
了形 でも 結果 用法が使えます。

e.g. 「ジャスミンは、彼女の昔の同級生だった人の名前を、完全に 忘れてしまっていた
　　　（その結果名前を 思い出せなかった）。」

Jasmine **had** completely **forgot** her former classmate's name.

Note: had gone to 〜 は「〜 へ行ってしまっていた」(結果)を表すので、「行ったことが
　　　あった」(経験)の意味を表す時には、使わないようにすること（口語では経験の意味
　　　を表す時にも使われているようだが、基本に従った方がベター）。

3. 「*過去 / 現在 から未来*」

　過去か現在に於いて始まった 動作・状態が、**未来** に於いて「終了 しているでしょう」
(完了)、または、**未来の一点** まで「〜（の状態）でしょう、〜 しているでしょう」(継続)、
さらに、**過去 / 現在から未来まで** の間で「〜 を 経験することになるでしょう」(経験)と
いうことを表わしたい!!

43

→ 動詞の部分を **will have＋ 過去分詞** にすればよい。この形で表す時制を **未来完了形** と
言います。

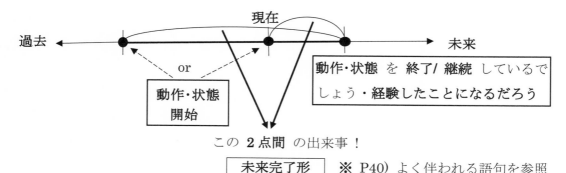

この **2点間** の出来事！

| 未来完了形 | ※ P40) よく伴われる語句を参照 |

Note: **副詞節** の中で未来時制を使う場合は、**現在形** を使うので **will は不要!!**

「もし昼までに雨があがったら、私達はピクニックに行くつもりだ。」

We **will go** on a picnic 　if 　 it **has stopped** raining by noon. 　　🖝 10 参照

（主節は **will** が必要）　　接　 S'　 V'　　　🖐 副詞節 (if ～ noon)

（× **will have stopped**）

未来完了においても、現在/過去完了形と同様の用法があります。

(1)「～ したところ、～ し終えているでしょう」(完了用法)

　過去 / 現在に於いて始まった動作・状態 が、未来に於いて終了 という時に使う用法。

e.g.「来年の3月には、私達はバンクーバー大学を 卒業しているでしょう。」

　　 We **will have graduated** from Vancouver University next March.

　　「ニコルは明日迄に、その仕事を 終えているでしょう。」

　　 Nicole **will have finished** the work by tomorrow.

　　「彼らは私達がコートに到着する前に、テニスを し始めているでしょう。」

　　 They **will have started** to play tennis before we get to the tennis court.🖝 10 参照

(2)「～ でしょう、～ していることになるでしょう」(継続用法)

　過去 / 現在に於いて始まった動作・状態 が、未来まで続いている という時に使う用法。

e.g.「来月でアンジェリーナとブラッドは、結婚して20年に なるでしょう。」

　　 Angelina and Brad **will have been** married for twenty years next month.

　　「明日の今頃は、ロスアンゼルスに 着いているでしょう。」

　　 We **will have arrived** in Los Angeles around this time tomorrow.

44

「次の 5 月で、Katy は札幌に住んで 15 年に なるでしょう。」

Katy **will have lived** in Sapporo for fifteen years next May.

(3)「〜 したことになるでしょう」(経験用法)

過去 / 現在から未来までの間で、**何かを経験したことになるだろう** という時に使う用法。

e.g. 「もう一度したら、カイトはマキに、5 回結婚の 申し込みをすることになるだろう。」

Kaito **will have proposed** marriage to Maki five times if he <u>tries</u> again. ☞ **10** 参照

「その時迄にジョンはマイアミを、2 回 訪れたことになるだろう。」

John **will have visited** Miami twice by that time.

(4) その他

(1)から(3)までの使い方の他に、**過去の一点**、または **現在で始まった動作・状態** が **未来の 1 点に於いて終了** しますが、<u>その結果どうなるだろう</u> ということを表す時には、現在完了・過去完了形の時と同様に、**未来完了形** でも **結果** 用法が使えます。

e.g. 「サオリは、2 時間後にはお年玉を全部 使っているでしょう (その結果、手持ちの
お金が 無くなっているだろう)。」

Saori **will have spent** all her allowances on New Year's Day two hours later.

Note: 時間的な前後関係を明示する接続詞 が使われている場合は、完了を使わずに **未来形**
で表すことが、特に口語に於いては多いようだ。

e.g. 「私が到着する前に、ナオミは待ち合わせ場所から去ってしまっているでしょう。」

Naomi **will leave** the waiting place 　**before**　 I <u>reach</u> there. 　　☞ **10** 参照
　　　　　　未来形

4. 「過去 〜 現在」・「過去 〜 過去」における動作の継続

「**過去 から 今まで**」の間で動作を「(ずっと) 〜 <u>し続けている</u>」、また、「**過去の一点 から 過去の別の点**」の間で動作を「(ずっと) 〜 <u>し続けていた</u>」ということを表わしたい!!

→ 動詞の部分を **完了形** (have・has / had + 過去分詞) + **進行形** (be + 〜ing) にすれば
よい。この形を **現在 / 過去完了進行形** と言います (= **have・has / had been** + 〜ing)。

45

Note: 特に **動作** の継続を表す時は、**完了進行形** を主として使う。　　　　☞ **18 参照**

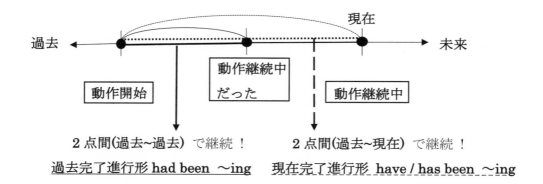

2 点間(過去~過去) で継続 ！　　　　　2 点間(過去~現在) で継続 ！

過去完了進行形 had been ～ing　　　現在完了進行形 have / has been ～ing

e.g. 「私が(そこに)着いた時、彼らは公園でラクロスを 2 時間　し続けていた。」

　　They **had been playing** lacrosse in the park for two hours when I got there.

　　「最新の iphone を求めて、多くの人がここで、朝からずっと　並び続けています。」

　　Many people **have been standing** in line here for the latest "iphone" since this morning.

※ 「**過去/今** から **未来のある点まで**」、動作を「(ずっと)～し続けているでしょう」ということを表わしたい場合は、**未来完了進行形**（**will have been + ~ing**）となるのだが、基本的に、完了時制が 反復的・習慣的動作の継続 を表す場合に限定され、通常はあまり使われれない。

e.g. 「来月(迄)でケンは、その調査をカリフォルニアで、10 年間 研究し続けていたことになるだろう。」（継続して）　→ **未来完了進行形**

　　By next month, Ken **will have been doing** the research in California for ten years.

　　「来月(迄)でケンは、その調査をカリフォルニアで、10 年間 研究したことになるだろう。」

　　（**動作を分割** して　→ 途中ブランクがあったかもしれないがトータルで 10 年間）

　　→ **未来完了形**

　　By next month, Ken **will have done** the reserach in California for ten years.

　英語の完了形は、日本語には無い時制の捉え方なので混乱するかもしれませんが、どういう時に、どの時制（動詞の形）を使うのかということを、しっかり把握しておきましょう。

Exercise 5

1. 各組の文がほぼ同じ意味になるように、カッコ内に適語を入れなさい。

(1) She started to play golf at noon, and it's two o'clock now, but she is still playing it.

= She ( )( )( ) golf ( ) two hours.

(2) This is the first time to see such a beautiful scenery.

= I ( )( )( ) such a beautiful scenery.

(3) James came to Japan in 2000.　He is still here.

= James ( )( )( ) Japan ( ) 2000.

(4) The baby was crying for a while, and the mother came to him.

= The baby ( )( )( ) a while before the mother came to him.

(5) I have ten years' teaching experience at high school, and next year is going to be the eleventh year.

= I ( )( )( ) at high school ( ) eleven years if I work there one more year.

2. 日本語の意味になるように、下線部を埋めて英文を完成させなさい。

(1) 私は山野電気に、最新の洗濯機を買いに、ちょうど行って来たところだ。

I _____ Yamano Denki to _____ .

(2) スズがテレビをつけた時には、そのドラマは既に終わっていた。

The drama _____ when Suzu _____ the TV.

(3)この国では最近、良いニュースはありません。

There _____ in this country lately.

(4) 私達は何時間もオンラインゲームをし続け、日が暮れるていることに気付いた。

We _____ on-line games for many hours, and we found that it _____ .

(5) マナは子供の頃から横浜に住んでいると言っています。

Mana _____ that she _____ in Yokohama _____.

Answers: 1. (1) has been playing・for　(2) have never seen　(3) has been in・since　(4) was crying・for (P41~42 参照)　(5) will have taught・for　**2.** (1) have just been to・buy the latest washing machine　(2) had already finished・turned on　(3) has been no (hasn't been any) good news　(4) had been playing・got dark　(5) says・has lived・since her childhood

---

＊ *One point English! ～ オーダーを聞かれたら Part 2 ～*

　オーダーをする時に、「とりあえず」と言う人が少なくないと思いますが、それを英語で何と言うでしょう。「とりあえず」は「今のところ」と同意なので、

"Anything else?"　　　　　 — "That's it <u>for now</u>."

（他に何かありますか。）　　（<u>とりあえず</u> そんなところで。）

と、'for now' で表します。

47

VI. 助動詞 (Auxiliary Verbs)

　「〜するだろう」、「〜することができる」、「〜しなければならない」等といった表現は、「〜する」という動作を表す語があるので、動詞を使うのは勿論なのですが、それだけでは言いたい事を表すには不十分です。そういう時に、十分に言いたい事を表す手助けとなる語が、**助動詞** と呼ばれるものです。助動詞を使う時には、その後ろに置く動詞は、必ず **原形** にすることを忘れないようにしましょう (**助動詞 + 動詞の原形**)。ここでは、よく使われる助動詞を、いくつかチェックしておきます(will、shall に関しては P30〜32 を参照)。

1. can

(1)「〜 できる」(能力・可能) ― can が使えない場合は **be able to 〜** を使う!

e.g. 「このクラスの皆は、泳ぐことが できます。」　Everybody in this class **can** swim.

　　　「明日僕の家に、来ることが できます か。」　**Can** you come to my house tomorrow?

　　　「すぐに娘は、泳げるようになるでしょう。」　My daughter will **be able to** swim soon.

(2)「〜 はず、〜 (の可能性) がありうる」(推量・可能性)

e.g. 「あの女性が、そんなに年老いている はずがない。」　(強い否定推量)

　　　That woman **cannot** be very old.　　　　　　< 通常否定文で使う >

　　　「その噂は、一体 本当なの だろうか。」　　　　(強い疑い)

　　　Can / Could the rumor be true?　　　　　　< 通常疑問文で使う >

　　　「そのような事故は、何処でも起こり うる。」　(可能性)

　　　Such accidents **can** happen everywhere.

※ could は can の過去形以外に、**推量** や **丁寧 / 遠回し** な表現でも使用可。

2. may

(1) 「〜 してもよい」(許可)

e.g. 「入っ てもよい ですか。」　　　**May** I come in?

　　　「あなたは宿題が終わったら、しばらくの間外出 してもよい。」

　　　If you finish your homework, you **may** go out for a while.

(2) 「〜 かもしれない」(推量)

e.g. 「あなたは終電に、乗り遅れる かもしれません。」　You **may** miss the last train.

「彼は昨夜 2 時まで起きていたので、今は眠たい <u>かもしれません</u>。」

He was awake until two o'clock last night, so he <u>may</u> be sleepy now.

(3) 「～ ならんことを祈る、～ させたまえ」(祈願) ─ <u>May ＋ S ＋ V の原形 ～!</u>　☜ 21

e.g. 「ご多幸を お祈りいたします。」　　　　<u>May</u> you be happy!

　　「自信を持ち続け たまえ。」　　　　　　<u>May</u> the confidence be with you!

　　「神のご加護があります ように。」　　　<u>May</u> God bless you!

3. must

(1) 「～ しなければならない」(義務・強要) ─ must が使えない場合は <u>have to~</u> を使う!

e.g. 「あなたは自分の部屋を、綺麗にしておか なければならない。」

　　You <u>must</u> keep your room clean.

　　「この DVD をすぐに君に返さ なければならない の?」─「いや、その必要は無いよ。」

　　"<u>Must</u> I return this DVD to you soon?" ─ "No, you <u>don't have to</u>."　　☜ 22

Note: <u>must not</u> は「～ してはいけない」という <u>禁止</u> の意味になるので、「～ する必要は

ない」という意味を表す時は、☜ 22 のように <u>don't have to</u> ～ を使いましょう。

(2) 「～ に違いない」(推量)

e.g. 「その英語の先生は、病気 に違いない。」　　　　The English teacher <u>must</u> be ill.

　　「今朝君は朝食を抜いたから、お腹が空いている に違いない。」

　　You <u>must</u> be hungry because you skipped breakfast this morning.

(3) 「～ してはいけない」(禁止 ─ 否定の形で)

e.g. 「ここで煙草を 吸っ てはいけません。」　　　You <u>must not</u> smoke here.

　　「学生は、試験で不正行為を してはいけません。」　Students <u>must not</u> cheat on tests.

　　　　　　　　　　　　　　　　　　　　　　　　　<UK → cheat <u>in</u> ~>

4. should / ought to

(1) 「～ すべき、～ しなければならない」(義務・忠告・当然)

e.g. 「あなたはすぐに歯医者に行く べきだ。」　　　You <u>should</u> go to the dentist soon.

　　「私達は、エネルギーを節約 しなければならない。」　We <u>ought to</u> save energy.

Note: **had better** も同様の意味で使われるが、should / ought to よりも強く、「まずいこと」、「悪い結果」が起きるよと、**警告** のような意味を通常は表すので、相手に対して丁寧な対応が必要な時には、使わない方がよいだろう (否定形: had better **not**)。

(2) 「〜 のはずだ、多分 〜 だろう」 ─ should　　　　　(推量・期待)

　　「〜 のはずだ、きっと 〜 だろう」 ─ ought to　　　　(推量・当然の結果)

e.g. 「誰かがステージに登場している。多分 あれはジャネット だろう。」

　　　Someone is appearing on the stage.　That **should** be Janet.　　　(期待)

　　　「もし今ここを出発すれば、きっと あなたは6時までに羽田空港に到着する だろう。」

　　　If you leave here now, you **ought to** reach Haneda Airport by six.　(当然)

Cf. 可能性の度合い　must ＞ ought to ≧ should ＞ could / may / might (高い◀──▶低い)

5. would (ここでは未来を表す will の過去形以外の使い方)

(1) 「〜 したものだった」(過去の習慣)

e.g. 「私は彼と、よく釣りに行った ものだった。」　　　I **would** often go fishing with him.

※ **used to** ─ 「(以前は) 〜 したものだった・〜 だった」(過去の 習慣・状態 を表す)

e.g. 「私の兄は高校時代、とても一生懸命勉強した ものだった。」　(習慣)

　　　My older brother **used to** study very hard in his high school days.

　　　「この構内の真ん中に、以前は 大きな公園があり ました。」　　(状態)

　　　There **used to** be a very large park in the middle of this campus.

(2) 「〜 して頂けませんか、〜 させて頂きたいのです」(丁寧・控えめ)

e.g. 「あの窓を開けて 頂けませんか。」 ─ 「いいですよ。」

　　　"**Would** you mind opening that window?" – "Sure."

　　　「そのコンサートで私は、あなたのために特別な歌を歌わせて 頂きたいのです。」

　　　I **would** like to sing a special song for you in the concert.

(3) 「どうしても 〜 しようとしなかった」(通常否定形で ─ 過去の固執・強い意志)

e.g. 「私の恋人は、私の忠告を どうしても 聞こうと しなかった。」

　　　My girlfriend **wouldn't** listen to my advice.

「彼はとても怒っていたので、私の謝罪を どうしても受け入れようと しなかった。」

He **wouldn't** accept my apology because he was so mad at me.

6. 過去の推量・後悔・非難

　過去に於いての出来事を振り返り、「～ したに違いない / したかもしれない / したはずがない」(推量)、「～ すべきだったのに（しなかった）」(後悔)、「～ する必要がなかったのに（した）」(非難)という意味を表したい時にも助動詞を用いて表すことができます。但し、助動詞の後に来る部分は過去の事なので、過去ということを表わすために時制を 1つ昔にずらし、単に動詞の原形では無く「**have＋ 過去分詞**」の形にすることを忘れずに。　☜ **23**

e.g.　「カズエは、若い頃は美し かったに違いない。」

　　　Kazue **must have been** beautiful when she was young.

　　　「君は学生時代に、もっと一生懸命に 勉強 すべきだったのに。」

　　　You **should have studied** much harder when you were a student.

　　　「彼女は私の代わりに、その会社に行く 必要はなかったのに。」

　　　She **need not have gone** to the company instead of me.

Exercise 6　カッコ内に入る最も適当なものを選択肢から選び、それぞれ記号で答えなさい[文頭に来る語も小文字で表している。記号の使用は 1回のみ]。

1. You (　) not to give up your dream yet.　2. You (　) not speak loudly in this room.
3. "Must I leave home soon?" ― "No, you (　)."　4. (　) you make a bon voyage!
5. That young lady (　) often bring me some flowers.
6. Before starting the project, you (　) get consent from your boss.
7. My brother (　) not have drawn such a great picture in an hour.
8. Charlotte hasn't come yet.　She (　) have missed the bus.
9. He (　) have finished his performance by now.
　ア．may　イ．ought　ウ．will　エ．had better　オ．ought to　カ．must not
　キ．can　ク．would　ケ．don't have to　コ．must

Answers: 1．イ　2．エ　3．ケ　4．ア　5．ク　6．オ　7．キ　8．コ　9．ウ
　※ 9．「今頃はもう、彼の演奏は終わっているだろう。」(未来完了)

＊ One point English!　～ ハンバーグが食べたいが… ～

　初めてアメリカに行った時、レストランでハンバーグを食べようと思いメニューを見るが、'beef steak' はあっても 'hamburg' という文字が見当たらない。多くの場合、ステーキを提供する店ではハンバーグもあるはずと思いメニューを見直すと、'**ground beef steak**' という文字を見つけた。つまり、「牛ひき肉のステーキ」ということで、これが日本で言うハンバーグを意味している料理でした（'**Salisbury** steak' とも言います）。

VII. 受動態 (The Passive Voice)

　例えば、「お母さんは私を怒りました」を英語で表したい時は、「S は V する」という形の文なので、基本的に S、V、それ以外の必要な語句という順番でつなげていけば、"My mother **scolded** me." という英文が完成します。このように、**主語が実際に動作を行う** パターンの文の形を **能動態** と言います。一方、「私はお母さんに **怒られた**」と、**主語が動作を受ける** パターンの文で言うこともあるでしょう。このような場合は、「S は V される」という意味からも分かるように、主語が **実際に動作を行わず、受け身的な立場** に置かれるということから、能動態に対して **受動態** と言い、その場合は動詞を **be + 過去分詞** の形にする必要が生じます。加えて、動作主の前に「～によって」という意味を表す **'by'** を置きます。よって、受動態を用いた英文は、"I **was scolded** by my mother." となります。

Note: 受動態の文章の主語には、**能動態の文章の目的語**（「～に、～を」で表される部分）が来る。よって、基本的に能動態で目的語が入っている 第 3、4、5 文型 の文が、受動態でも同様の意味を表せるということになる。

1. S + V + O – 第 3 文型 を受動態にするパターン
e.g.「多くの 人々 が、その 映画を 愛しました。」
$$\text{S} \qquad \text{O} \qquad \text{V}$$

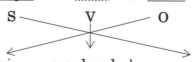

・能動態　Many people　　loved　the movie.

・受動態　The movie　　**was loved**　by many people .　（その映画は、多くの人に愛されました。）

2. S + V + IO + DO (IO: 間接目的語・DO: 直接目的語)
　　– 第 4 文型 を受動態にするパターン
　→ この文型の場合、目的語が 2 つ あるので、間接目的語、直接目的語、それぞれを主語にして、**2 通りの受動態の文** が作れます。
e.g.「サンタクロースは、子供たちに 素敵な 贈り物を あげます。」
$$\text{S} \qquad\qquad \text{IO} \qquad\qquad \text{DO} \quad \text{V}$$

52

・ 能動態　　Santa Claus　**gives**　children　wonderful presents.
　　　　　　　S　　　　V　　　IO　　　　　　DO

・ 受動態#1　Children　　**are given**　　　　wonderful presents by Santa Claus.
　　　　　　　IO　　　　V　　　　　　　　　DO　　　　　　S

　　　　　　（子供達は、サンタクロースによって、素敵な贈り物が 与えられます。）

・ 能動態　　Santa Claus　　　**gives**　　　children　wonderful presents.
　　　　　　　S　　　　　　　V　　　　　IO　　　　　DO

・ 受動態#2　Wonderful presents　**are given** (to) children by Santa Claus.
　　　　　　　DO　　　　　V　　　　IO　　　S

　　　　　　（素敵な贈り物が サンタクロースによって、子供達に 与えられます。）

3. S + V + O + C － 第5文型 を受動態にするパターン

e.g.「私の家族は、その 犬を チャッピーと 呼んでいます。」
　　　　　S　　　　　　O　　　C　　　　　V

・ 能動態　　My family　**calls**　the dog　Chappy.
　　　　　　　S　　　　V　　　O　　　C

・ 受動態　　The dog　　**is called**　　　　Chappy by my family.
　　　　　　　O　　　　V　　　　　　　C　　　　S

　　　　　　（その犬は 私の家族によって、チャッピーと 呼ばれています。）

※ 動詞が 使役・知覚動詞 の時

　ちなみに...

- 使役動詞 → 基本的に「(誰かに) 〜 させる」という意味を表す動詞（make → 強制的,
　　　　　　have → 相手が OK なら 〜 してもらう, let → 自ら 〜 させる, etc.）。

- 知覚動詞 → 人間の五感に関する動詞（feel, hear, notice, see, watch, etc.）。

　e.g.「私の 友達は、忘年会で 私に 歌を 歌(う) わせた(→させた)」を能動態で英語に
　　　　　　　S　　　　　　　O　　C　　　V

　　直すと、「〜させた」という動詞が入っているので **使役動詞** を使い、

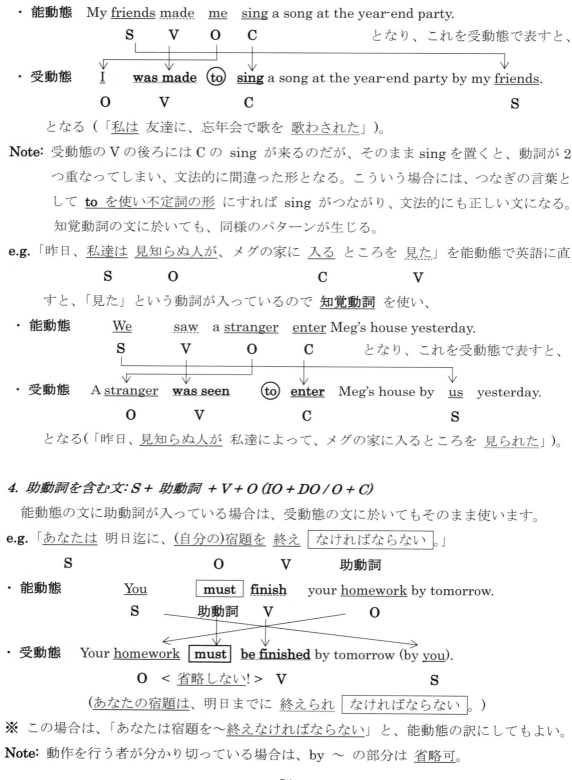

・能動態　My friends made　me　sing a song at the year-end party.
　　　　　　 　S　　　V　　　O　　C　　　　　　　　となり、これを受動態で表すと、

・受動態　I　　was made　(to)　sing a song at the year-end party by my friends.
　　　　　 O　　　V　　　　　C　　　　　　　　　　　　　　　　　S

　　　となる（「私は 友達に、忘年会で歌を 歌わされた」）。

Note: 受動態のVの後ろにはCの sing が来るのだが、そのまま sing を置くと、動詞が2
　　　つ重なってしまい、文法的に間違った形となる。こういう場合には、つなぎの言葉と
　　　して **to** を使い不定詞の形 にすれば sing がつながり、文法的にも正しい文になる。
　　　知覚動詞の文に於いても、同様のパターンが生じる。

e.g.「昨日、私達は 見知らぬ人が、メグの家に 入る ところを 見た」を能動態で英語に直
　　　　　　　S　　　O　　　　　　　C　　　　V

　　　すと、「見た」という動詞が入っているので 知覚動詞 を使い、

・能動態　We　　saw　a stranger　enter Meg's house yesterday.
　　　　　 S　　V　　　O　　　　C　　　　　　となり、これを受動態で表すと、

・受動態　A stranger　was seen　(to)　enter　Meg's house by　us　yesterday.
　　　　　　O　　　　V　　　　　C　　　　　　　　S

　　　となる(「昨日、見知らぬ人が 私達によって、メグの家に入るところを 見られた」)。

4. 助動詞を含む文:S + 助動詞 + V + O (IO + DO / O + C)

　　能動態の文に助動詞が入っている場合は、受動態の文に於いてもそのまま使います。

e.g.「あなたは 明日迄に、(自分の)宿題を 終え　なければならない 。」
　　　　　S　　　　　　　　　　O　　V　　　助動詞

・能動態　You　　must　finish　your homework by tomorrow.
　　　　　 S　　助動詞　V　　　O

・受動態　Your homework　must　be finished by tomorrow (by you).
　　　　　　O　＜省略しない!＞　V　　　　　　　　　S

　　　　(あなたの宿題は、明日までに 終えられ　なければならない 。)

※ この場合は、「あなたは宿題を～終えなければならない」と、能動態の訳にしてもよい。

Note: 動作を行う者が分かり切っている場合は、by ～ の部分は 省略可。

54

5. 完了形を含む文

　例えば、「その会議で豊洲問題が、1か月間 議論されています」を英語に直したい場合は、以下のようにします (S = 豊洲問題 → 三人称単数、過・分は過去分詞)。

「1ヵ月前から今までの間」→「過去〜現在」→ **現在完了形** ┐ **has** + 過・分

「議論されている」→ 主語が動作を受ける → **受動態** ┘ **be** + 過・分

→ Toyosu scandal **has been discussed** in the meeting for one month.
　　　　　　　　　　　　　　　　　　　　　　　　　　└→ **been**
　　　　　　　　　　　　　　　　　　　　　　　　　　　　(be の過・分)

Note: 「現在 / 過去 / 未来完了」+「受け身」

　　　→ **have・has been / had been / will have been** + 過去分詞

Cf. 「進行形」+「受け身」 → **be being** + 過去分詞 「〜されている」

6. 群動詞を含む文 : S + V (群動詞) + O

　能動態の文で **群動詞 (2 語以上** の語を用いて **1 つの動詞** と同じ働きをするもの) が使われている場合は、2 語以上の語で構成されていますが、それらの語を全て使うことで、1つの動詞と同じ働きをするので、受動態の文にする時も、1語も省略せずに使いましょう。

e.g.「チームの メンバー 全員は、マイケルを 尊敬しました。」
　　　　　　　　　　S　　　　　　O　　　　　V

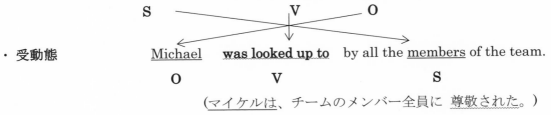

・ 能動態　All the <u>members</u> of the team <u>**looked up to**</u> 　Michael.
　　　　　　　　　S　　　　　　　　　　V　　　　　O

・ 受動態　　　　　<u>Michael</u>　**was looked up to**　by all the <u>members</u> of the team.
　　　　　　　　　　O　　　　　　V　　　　　　　　　　S

　　　　　　(<u>マイケルは</u>、チームのメンバー全員に 尊敬された。)

Note: look up to 〜 で 1 つの動詞としての働きをし、respect 〜 と同じ意味を表すので、前置詞 by が後にくるからといって、<u>to を省略しない</u> ようにすること。

※ よく使われる群動詞

laugh at 〜 「〜を笑う」, <u>take care of</u> / <u>look after</u> 〜 「〜の世話をする」,
look up to 〜「〜を尊敬する」(= respect), look down on 〜 「〜を軽蔑する」(= despise),
<u>speak</u> / <u>talk</u> to 〜「〜に話しかける」, make fun of 〜 「〜をからかう」, etc.

7. by 以外の前置詞を用いる場合

　受動態の文に於いて、動作主を表す場合は前置詞 by を使いますが、能動態の主語の部分が動作をしないこともあります。その場合には、by 以外の前置詞を使う必要が生じることがあります。このパターンは、熟語として覚えておくと良いでしょう。

e.g.「雪 が 富士山頂を 覆っています。」

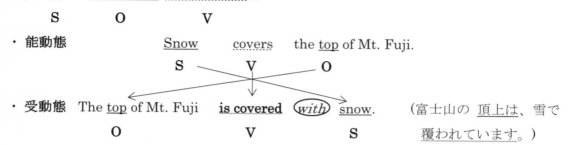

・能動態　　　　　　　Snow　　covers　　the top of Mt. Fuji.

・受動態　The top of Mt. Fuji　is covered (with) snow.　（富士山の 頂上は、雪で 覆われています。）

※ by 以外の前置詞を用いる表現

be filled with 〜 「〜 で一杯です」, be satisfied with 〜 「〜 に満足している」,
be interested in 〜「〜 に興味がある」, be known to / for 〜「〜 に /で 知られている」,
be surprised at / by 〜 「〜 に驚く」, be married to 〜 「〜 と結婚している」, etc.

8. 2 通りの受動態が可能な場合

　第 4 文型は目的語が 2 つあるので、受動態の文を 2 通り作ることが可能ですが、それ以外にも、元の文から受動態を 2 通り作れる場合があります。それは、能動態の文の O が that (接続詞) + S'+ V' 〜 の形をとっている文です。例えば、「その計画は大成功 したそうです(→と彼らは言ってる)」を英語に直したい場合、「その計画は大成功した」という部分は目的語(「〜を」)に相当する部分なので、能動態の文は第 3 文型で表します。つまり、

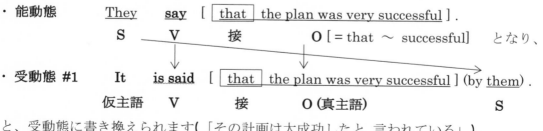

・能動態　　　They　　say　　[that　the plan was very successful] .
　　　　　　　　S　　　V　　　接　　　　　O [= that 〜 successful]　　となり、

・受動態 #1　　It　　is said　[that　the plan was very successful] (by them) .
　　　　　　　仮主語　V　　　接　　　O (真主語)　　　　　　　　　　　S

と、受動態に書き換えられます(「その計画は大成功したと 言われている」)。

Note: 本当は能動態の O が受動態の S に来るのだが、そうすると主語の部分が長くなる。
　　　　英語は主語が長くなるのを嫌うため、本当の主語 (真主語) を動詞の後ろ に持って

いき、S の所には 仮主語の **it** を置くパターン。但し、動作主をはっきりさせた方が
よい書類、論文等では、このパターンを使うことは避けて能動態を使う方がよい。また、動作を行う者が **一般 / 不特定** の場合は、by 〜 の部分は省略可。

Cf. 「〜だそうです」という表現があったら、「〜 と彼らは言っている」、「〜 と言われている」と捉えればよい（I / We hear that ＋ S' ＋ V' 〜 「〜 と聞いている」でも表せる）。

　　または、**O の that 節の中にある S' を文の主語** にして、

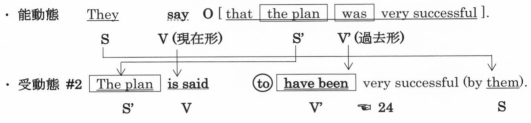

・ 能動態　　They　　　　**say**　O [that | the plan | | was | very successful].
　　　　　　 S　　 V (現在形)　　　　S'　　V' (過去形)

・ 受動態 #2 | The plan | | **is said** 　　　(to) | have been | very successful (by them).
　　　　　　　 S'　　　 V　　　　　　　 V'　　 ☜ 24　　　　　　 S

とも書き換えられます(その計画は 大成功したと 言われている。)

Note: この場合に注意することは、受動態の V の後ろに、that 節内の動詞をつなげるのだが、そのまま続けられないので、つなぎの言葉として **to** を使い不定詞の形にしてつなげる 点。この時、to の後ろを **動詞の原形**にすることを忘れないこと。但し、主節(that の左側)と従属節(that の右側)の動詞の時制が異なる場合は、to の後ろを ☜ 24 のように 完了形(have ＋ 過去分詞形) にして、時制がずれている(より昔) ということを示さなければならない (☜ 20、23 参照 、to ＋ have ＋ 過去分詞形 は 不定詞 ＋ 完了形 ということで完了不定詞 と言う)。ずれが無ければ to の後ろは動詞の原形 で。

※ 時制にずれが無い例

　　e.g.「サヤはあの歌手が好き だそうです。」（「サヤ〜好き」は **O**）

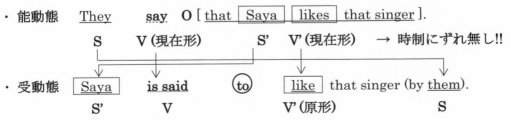

・ 能動態　　They　　　　**say**　O [that | Saya | | likes | that singer].
　　　　　　 S　　 V (現在形)　　　　S'　 V' (現在形)　　 → 時制にずれ無し!!

・ 受動態 | Saya | 　**is said**　　(to)　| like | that singer (by them).
　　　　　　 S'　　　 V　　　　　　 V' (原形)　　　　　　S

　　基本的には、同じような意味を表すのであれば、能動態、受動態の、どちらを用いても構いませんが、**動作主** が 「不明」、「言わなくても分かっている」、「目的語の方により関心が持たれている」 といったような場合は、**受動態** が使われている ようです。

Exercise 7

1. 次の英文をそれぞれ受動態の文に書き換えなさい。

(1) Do they speak Spanish in Brazil?　(2) The thick fog covers the sky.

(3) The strong wind blew down the trees yesterday.

(4) My sister has just cleaned the room.　(5) The result satisfied him.

(6) Many students laughed at Jack when he came into the classroom.

(7) Who will finish the work?　(8) We are making our lunch now.

(9) My father made me wash the car.

(10) They say that Sherry is the best singer in Japan.

2. 日本語の意味になるように、それぞれカッコ内に適語を入れなさい。

(1) 東京ディズニーランドの開門は朝 9 時です。
　　 The gate of Tokyo Disneyland (　)(　)(　)(　)(　) in the morning.

(2) 数多くの兵士が中東の戦争で亡くなっています。
　　 A large number of soldiers (　)(　)(　)(　) the war in the Middle East.

(3) そのテストでの点数に彼はがっかりしたようです。
　　 He (　)(　)(　)(　)(　)(　) his score in the test.

(4) 浅草寺は多くの外国人観光客によく知られています。
　　 Senso-ji temple (　) well (　)(　) many foreign tourists.

Answers: **1.** (1) Is Spanish spoken in Brazil (by them)?　(2) The sky is covered with the thick fog.　(3) The trees were blown down by the strong wind yesterday.　(4) The room has just been cleaned by my sister.　(5) He was satisfied with the result.　(6) Jack was laughed at by many students when he came into the classroom.　(7) Who will the work be finished by?　(8) Our lunch is being made (by us) now.　(9) I was made to wash the car by my father.　(10) It is said that Sherry is the best singer in Japan. / Sherry is said to be the best singer in Japan.　**2.** (1) is opened at nine o'clock　(2) have been killed in　(3) seems to have been disappointed at/with　(4) is・known to

---

* One point English! ～ トイレを借りたい時は? ～

「トイレを借りてもよいですか」と言いたい時、「借りる」という言葉を使うところから 'borrow' を使いがちですが、'borrow' は「借りて別の場所で使う」という意味も含んでいます。しかし、便器を取り外して別の場所で使うわけではないで、

　　"Can / May I <u>use</u> a restroom?"

と言いましょう。ちなみに、トイレは 'toilet' でも通じますが、便器そのものをイメージするので、婉曲的に 'restroom' や 'bathroom' を通常は使っています。

VIII. 準動詞 (Verbals)

☆ 動作を表わす表現をしたいが動詞は使えない!

　例えば、「私の趣味は / ヒップホップ系の音楽を聴くこと / です」という表現を英語に直
　　　　　S　　　　　　　　　　　　　　　　　　　　　　　　　V
したい時、主語 (S)は「私の趣味は」、動詞 (V)は「〜 です」となるが、「ヒップホップ系の
音楽を 聴くこと」という部分にも、動作を表わす語が入っています。しかし、この文の V
は「〜 です」の部分なので、動詞 'listen' をそのまま使うことはできません。

　そこで考えるべきことは、この「聴くこと」という部分が、どのような役割を果たしてい
るのかということです。ここでは、「ヒップホップ系の音楽を 聴くこと」イコール「私の趣
味」、すなわち、前者は **S の説明** をしている **補語 (C)** の働きをする部分となります。この
ような場合、動詞を「to + 動詞の原形」か「動詞の 〜ing形」にすると、動作を表す語を
C で使うことが出来ます。このように、完全なる動詞ではないが、文の **動詞以外の所で**
動作を表し、動詞と同じような働きをする語 のことを、**準動詞** と言います。ということで、
文頭の日本文は、

　　　My hobby　is　**to listen** (or **listening**) to Hip-Hop music.
　　　　　S　　　 V

という英文になります。

　準動詞には、**不定詞、動名詞、分詞** と呼ばれるものがありますが、どのような時にそれ
ぞれの形を使うのか、確認をしていきましょう。

1. 不定詞 (infinitives)

　動詞以外の所で、「〜 すること」、「〜 するための」、「〜 するために」という意味を表し
たいという時には、**to + 動詞の原形** を用いて表すことが出来ますが、その形を **不定詞**
と言います。それぞれの使い方は、以下の通りです。

(1) 「〜 すること」(名詞的用法)

　主語、補語、(動詞の)目的語 の部分で動作を表す表現をしたい時に、不定詞を使う場合
がこのパターンです。これは 名詞と同じ働き をすることから、この使い方を **名詞的用法**
と言います。

e.g. 「夏でさえも、その山に一人で 登ること は危険です。」

　　　It is dangerous **to climb** the mountain alone even in summer.
　　　　　　　　　　　　　　　S

　　　「私は来年、ロンドンに行きたいと思っています (→ 行くこと を望んでいる)。」

　　　I want **to go** to London next year.
　　　　　　　　　O

　　　「見ること は 信じること です (→ 百聞は一見に如かず)。」　　**To see** is **to believe**.
　　　　　　　　　　　　　　　　　　　　　　　　　　　　　　　　　　S　　　　C

59

「トムはその機械の適切な使い方(→どのように 使うかということ)を理解していない。」

Tom doesn't understand <u>how</u> <u>**to use**</u> the machine properly.

           O

「私はその仕事を<u>すること</u>は難しいと気付いた。」 I found ⓘⓣ difficult <u>**to do**</u> the job.

                  仮目的語   O

Cf. 英語は S と同様 O も長くなることを嫌う性質がある。その場合は、形式的に O の部分に <u>仮目的語の it</u> を置き、<u>本当の目的語は文の後方</u> に置く (it は訳さなくてもよい)。

Note: 不定詞の部分を否定形にする時は、<u>**to の前に not**</u> を置く。

 e.g.「私のボーイフレンドは、もうそのような事は やらないと、私に約束した。」

   My boyfriend promised me <u>**not to do**</u> such a thing again.

   「彼女は私に、ラジオを 消さないでと 言った。」

   She told me <u>**not to turn off**</u> the radio.

Note: 全ての動詞に於いて、目的語に不定詞が <u>使えるわけではない</u>!! 目的語に <u>不定詞</u> <u>しか使わない</u> 動詞は、care、decide、expect、hope、mean、offer、order、plan、pretend、promise、refuse、want、wish 等。

(2)「〜 するための、〜 するべき」(形容詞的用法)

 例えば、「<u>住むための</u> 家」、「<u>食べるための</u> 物 (→ 何か食べ物)」、「<u>読むための</u> 本」という表現を英語にしたい時に、動詞を使うだけでは、「ための」という部分を表すことは出来ません。そういう時にも <u>**to + 動詞の原形**</u> を用いれば、その意味を表すことが出来ます。これは、<u>名詞を修飾</u>、すなわち、<u>形容詞</u> と同じ働きをすることから、この使い方を <u>形容詞的用法</u> と言います。

e.g.「この部屋には、<u>読むべき(読むための)</u> 本が沢山あります。」

   There are many <u>books</u> <u>**to read**</u> in this room.

      名 └─┘

  「お腹が空いているので、私に何か 食べ(るための) 物を下さい。」

   Please give me <u>something</u> <u>**to eat**</u> because I'm hungry.

      名 └─┘

  「私は近い将来、<u>住む(ための)</u> 家を買いたいと思っています。」

   In the near future, I want to buy a <u>house</u> <u>**to live in**</u>.   🖝 25

      名 └─┘

Note: 🖝 25 の場合、家があれば、その家の「<u>中に</u>」住むこととなり、それを表す時には、'to live a house' ではなく、'to live <u>**in**</u> a house' とする。このように、先を見越して考えると、それを表すには前置詞が必要な場合があるので、その時には、<u>前置詞も併せて不定詞句を作る</u> ことを忘れないように。

e.g. 「座る椅子」 a chair to sit **on** , 「何か書く物」 something to write **with** ,

「泳ぐプール」 a swimming pool to swim **in** , etc. （〜するための ＋ 名詞）

(3) 「〜 するために」（副詞的用法）

　例えば、「ケイトは音楽を勉強するために、イギリスに行きました」を英語に直したいという時、主語は「ケイト」、動詞は「行きました」となるが、「音楽を 勉強するために」という部分にも、動作を表わす語が入っています。この、「勉強するために」という部分は、<u>何故行ったのかを説明</u>、すなわち、<u>動詞を修飾</u> しています。ということは、<u>副詞</u> の働きをしているということです。こういう時にも不定詞が使えますが、副詞と同じ働きをすることから、この使い方を <u>副詞的用法</u> と言います。ということで、文頭の日本文は、

　　　Kate went to the U.K. **to study** music.

という英文になります。

e.g. 「ナオミは やせるために、食事療法をしています。」

　　　Naomi　is　on a diet **to lose** weight.
　　　　　動

　　　「彼らは終電に 乗るために、品川駅まで走りました。」

　　　They ran to Shinagawa Station **to take** the last train.
　　　　　動

※　副詞的用法は、「〜 するために」（**目的**）の他に、「〜 して」（**感情の原因**）、「〜 して、その結果 …」（**結果**）、「〜 するとは」（**判断の理由・根拠**）、「〜 するには」（**形容詞の限定**）、「もし 〜 ならば」（**条件**）という意味を表す時にも使われます。

e.g. 「私達は、彼がその試験に合格できたと 聞いて、とても嬉しかった。」　（感・原）

　　　We were very glad　**to hear** that he could pass the examination.
　　　　　　　　　　形

　　　「フミヨシは長生きをし、その結果、95歳 (になる)まで 生きました。」（結果）

　　　Fumiyoshi lived **to be** ninety-five years old.　　　　　　　　☞ 26
　　　　　　　　V

　　　「彼女にそんな事を 言うとは、彼はなんてバカだったのだろう。」　　（判・根）

　　　How foolish he was **to say** such a thing to her!
　　　　　形

　　　「あの山は冬に 登るには 危険ですよ。」　　　　　　　　　　　（形・限）

　　　That mountain is dangerous **to climb** in winter.　　　　　　☞ 27
　　　　　　　　　　　形

　　　「もし 彼が英語を話すのを 聞いたら、ひょっとしたら君は、彼がネィティヴだと思うかもしれない。」　　　　　　　　　　　　　　　　　　　　（条件）

To hear (= If you heard) him speak English,

        you might take him for a native English speaker.   🖙 28

                           → 文全体(or V)

Note: 🖙 26 と同じ用法には、grow up to ～（成長して ～）、awake to ～（目覚めると ～）、only to ～（～ するだけ）、never to ～（二度と ～ ない）等がある。

Note: 🖙 27 は、名詞的用法と混同しないようにすること。
  e.g. <u>To climb</u> that mountain in winter is dangerous. （名詞的用法）
        S   （S の不定詞句は「～すること」という意味で、dangerous を修飾しない!）
    <u>That mountain</u> is dangerous <u>to climb</u> in winter. （副詞的用法）
        S   （S は **不定詞の目的語** となり、不定詞句は dangerous を修飾する!）

(4) 独立不定詞

 🖙 28 のように、文の他の部分から独立し、不定詞の部分が固定した言い回しとなり、**文全体 (or 動詞) を修飾** するという使い方である。これはイディオム(慣用句)のような感じで覚えておけば良いでしょう。

e.g. 「実を言うと、私は東京ディズニーランドに一度も行ったことがないのです。」
  To tell the truth, I have never been to Tokyo Disneyland.

  「私の母は、フランス語 は言うまでもなく、中国語も話せません。」
  <u>My mother can speak Chinese</u>, **to say nothing of** French.

※ 独立不定詞としてよく使われる表現
  to be frank (with you) 「率直に言って」, to be brief 「簡単に言えば」,
  to begin / start with 「まず第一に」, to be sure 「確かに」, so to speak 「言わば」,
  to make matters worse 「さらに悪いことには」, to speak strictly 「厳密に言うと」,
  not to <u>mention</u> / <u>speak</u> of ～ 「～ は言うまでもなく」,
  strange to say 「変な話だが」, to say the least of it 「控えめに行っても」, etc.

(5) その他の不定詞を用いた表現

  <u>in order</u> / <u>so as</u> to ～ 「～ するために」, <u>seem</u> / <u>appear</u> to ～ 「～ の(する)ようだ」,
  happen to ～ 「偶然 / たまたま ～ する」, <u>get</u> / <u>come</u> to ～ 「～ するようになる」,
  be + too … to ～「とても … なので ～ できない」(= be +so … that + S' can't V' ～),
  learn to ～ 「～ する / できるようになる」, fail to ～ 「～ し損なう」,
  be + 形容詞 / 副詞 + enough to ～ 「～ するほど十分 …」(= be + so … as to ～;
  be + so … that + S' + can V' ～), be + to ～ 「～ することになっている」(予定)・
  「～ すべき」(義務)・「～ できる」(可能), etc.

2. 動名詞 (gerunds)

主語、補語、(動詞の)目的語 の所に、「～ すること」という動作を表す表現を置きたい時には、P59 でも述べたように、to + 動詞の原形 (不定詞の名詞的用法) 以外に、動詞の ～ing形 で表すこともできますが、それを 動名詞 (動詞と名詞の働きをする語) と言います。

(1) 「～すること」

使い方としては、不定詞の名詞的用法と殆ど同じ(S, O, C で「～すること」という表現を使いたい)です。不定詞と違うところは、不定詞は基本的に前置詞の目的語としては使えません が、動名詞は使える という所です。

e.g. 「野菜を毎日 **食べること** は、私達の健康に良いことです。」

    Eating vegetables every day is good for our health.
         S

「私の仕事は、発展途上国で貧しい人達の お世話を **すること** です。」

    My job is **taking** care of poor people in developing countries.
                C   ※ be の後ろに~ing があるが **進行形ではない!**

「私達は夜に、一人であの通りを **歩くこと** を避けなければならない。」

    We must avoid **walking** on that street alone at night.
               O   (動詞の目的語)

「シンディはサヨナラも **言わず**(**言うこと** も無し)に、ニューヨークに向けて旅立った。」

    Cindy left for New York (without) **saying** good-bye.
                   前   O   (前置詞の目的語)

Note: 動名詞の部分を否定形にする時は、**～ing の前に not** を置く。

   e.g. 「ケリーはそのような約束は、彼とは **しない** と言い張っています。」

      Kelly insists on **not making** such a promise with him.

Note: 全ての動詞に於いて、目的語に動名詞が 使えるわけではない。目的語に 動名詞(「～すること」)しか使わない動詞 は、admit、avoid、deny、enjoy、escape、finish、give up、imagine、mind、miss、practice、put off、stop、suggest 等。

※ よく使われる動名詞を用いた表現

It is no <u>use</u> / <u>good</u> ～ing (= It is useless to ～) 「～ しても無駄だ」,
There is no ～ing (= It is impossible to ～) 「～ することは不可能だ」,
There is no use (in) ～ing 「～ してもしょうがない」,
feel like ～ing 「～ したい気分だ」, be worth ～ing 「～ する価値がある」,
can't help ～ing (= can't but + 動詞の原形) 「～ せずにはいられない」,
on ～ing (= as soon as + S' + V'; when + S' + V') 「～ するやいなや」・「～ すると」,
No ～ing (= Don't ～; There must be no ～ing) 「～ してはいけない」,
be busy (in) ～ing 「～ することに忙しい」, in ～ing 「～ することにおいて」,
<u>not</u> / <u>never</u> … without ～ing 「… すれば必ず ～ する」, etc.

(2) 動名詞の形容詞的用法

　例えば、'a sleeping train' という表現があったとします。これを「寝ること電車」と訳しても意味が通じません。そんな時は、～ing の部分を「～するための」と訳してみると、「寝るための 電車」、そう、「寝台車」を表すことが出来ます。この場合、sleeping という部分が、後ろの train を修飾、すなわち 名詞を修飾 しているので、形容詞の働き をするということになります。このような動名詞の使い方を、動名詞の 形容詞的用法 と言います。

(3) 動名詞の意味上の主語

　例えば、「私はプロ野球選手であることを、誇りに思っています」を英語に直すと、
　　I'm proud ⓪f **being** a professional baseball player.
　　　　　　　前　　動名詞
となりますが、「私」以外に 前置詞の後ろに来る 動名詞の部分の主語は見当たらない ので、文の主語と同一人物が動名詞の主語 となります。そのため、動名詞の前に意味上の主語を表す必要はありません。しかし、「私は父がプロ野球選手であることを誇りに思っています」を英語にする場合は、誇りに思っているのは「私」で、野球選手なのは「私の父」となり、動名詞の意味上の主語が異なってきます。そのような時には、動名詞の前に意味上の主語を示す（所有格か目的格で）必要が生じるので、"I'm proud of **my father('s)** being a professional baseball player." とします（口語では名詞の後ろの **'s** が省略される）。

※ 動詞の目的語として、ほぼ同じ意味 で不定詞も動名詞も使える動詞は、attempt、begin、continue、hate、intend、like、love、neglect、propose、start 等。両方使えるが 意味が異なる 動詞は、regret (to ～「残念ながら ～ する」/ ～ing「～ したことを残念に思う」)、remember (to ～「～ することを覚えている」/ ～ing「～ したことを覚えている」)、stop (to ～「～ するために立止まる」/ ～ing「～ することをやめる」)、try (to ～「～ する努力をする」/ ～ing「試しに ～ する」) 等。

3. 分詞 (participles)

　例えば、「可愛い犬」という表現を英語に直すには、「犬」という名詞、それを修飾する形容詞の 'cute'、そして冠詞をつけて、'a cute dog' としますが、「公園の中で 走っている 犬が見えます」という表現を英語に直したい場合はどうでしょう。この文章の動詞は「見える」なので、「走っている」という動作を表わす部分はあるが、動詞の部分では使えません。

　そこで注目するポイントは、「走っている」という部分がどのような役割をしているかということです。この部分は「犬」の説明をしている、ということは、名詞を修飾。すなわち、形容詞 の働きをしているということになります。このように、動作を表す言葉で名詞を修飾したい という時に使うものが、分詞 と呼ばれるものです。

　分詞には２種類あり、名詞を「～ している・する」という表現で修飾するものを 現在分詞(動詞の ～ing 形)、「～ された・した」という表現で修飾するものを 過去分詞 (動詞の 過去分詞 形) と言います。よって、「公園の中で走っている犬が見えます」は、"I can see a **running** dog in the park." となります。

(1) 「〜している・する」（現在分詞）

　これは動詞の **〜ing 形** を使い、「〜 している・する」という表現で名詞を修飾する時に使うもので、**現在分詞** と言います。進行形と似てはいますが、<u>同じではない</u> ので注意しましょう。また、「現在」という言葉は付いていますが、<u>現在時制でしか使えないというわけではない</u> ので、併せて間違えないようにしましょう。

e.g. 「あの <u>走っている</u> 犬は、ミミと呼ばれています。」　That **running** dog is called Mimi .
　　　　　　　　　　　　　　　　　　　　　　　　　　　　　　　　　└─→名

　　　「<u>寝ている</u> その赤ちゃんを、起こしてはいけません。」　Don't wake the **sleeping** baby .
　　　　　　　　　　　　　　　　　　　　　　　　　　　　　　　　　　　　└─→名

Note: 現在分詞は、**能動的** な意味を表します。

(2) 「〜 された・した」（過去分詞）

　これは 動詞の **過去分詞形** を使い、「〜 された、〜 した」という表現で名詞を修飾する時に使うものです。「〜 された」という意味を表すので、受動態と似てはいますが、<u>同じではない</u> ので注意しましょう。また、「過去」という言葉は付いていますが、<u>過去時制でしか使えないというわけではない</u> ので、併せて間違えないようにしましょう。

e.g. 「私の友達は <u>ゆで(られた)</u> 卵が嫌いです。」　My friend doesn't like a **boiled** egg .
　　　　　　　　　　　　　　　　　　　　　　　　　　　　　　　　　　　└─→名

　　　「向こうに <u>壊(さ)れた</u> 自転車があります。」　Over there, there is a **broken** bike .
　　　　　　　　　　　　　　　　　　　　　　　　　　　　　　　　　　　└─→名

Note: 分詞の位置 → （冠詞 +) ｜分詞｜ + 名詞　or　（冠詞 +) 名詞 + ｜分詞｜ + <u>修飾語句</u>

Note: 他動詞の過去分詞は <u>受動的</u> な、自動詞の過去分詞は <u>能動的</u> な意味を表す。
　e.g. 他動詞 → **stolen** money 「**盗まれた** お金」
　　　　 自動詞 → a **retired** teacher 「**退職した** 教師」　　　　　　　　☞ **5 参照**

Note: (1)・(2)のように単純に名詞を修飾する使い方を、<u>限定用法</u>、また、主語・目的語を修飾(補語の働き) する使い方を、<u>叙述用法</u> と呼ぶ。
　e.g. I saw <u>Kazu</u> **joggin** in the field.　(私はカズが競技場で、<u>ジョギングをしている</u>
　　　　　　　 O └─┘ C (目的格補語)　　　 ところを見ました。→ 叙述用法)
　　　<u>Miki</u> came **smiling** at me.　(ミキは私の方に<u>微笑みながら</u>来ました。→ 叙述用法)
　　　　 S └────┘ C (主格補語) ※ 主格補語をとる動詞: come, go, lie, stand, keep, etc.

(3) 分詞構文

　例えば、「私の父はソファーに座り、そして新聞を読んでいた」という意味の英文を作りたいという時には、最初に「私の 〜 座り」までの部分を考え、残りの部分を接続詞の and で結べばよいだけです。つまり、

　　　　　主 節　　　　　　　　　　　　　 従 属 節
　｜My father was sitting on the sofa｜ ,　｜and he was reading a newspaper｜ .
　　 S　　 V　　　　　　　　　　　　 接 S' V'

65

となります。そこで、<u>接続詞 ＋ S' ＋ V'</u> の部分を簡単にまとめたい! という人がいるかもしれません。しかし、そうできると思いますか? 答えは 'Yes' です。では、どうすれば良いのでしょう。

　　まず、<u>主節と従属節の主語が同じかどうか</u> を見ます。同じであれば、**接続詞、S'** を省略します。次に、動詞が「**〜 している・する**」という意味で表されているなら、動詞を <u>(being ＋) 〜ing 形 (現在分詞)</u> に、「**〜 される・した**」という意味で表されているなら、動詞を <u>(being ＋) 過去分詞形 (過去分詞)</u> にします。すなわち前述の英文は、

　　　My father was sitting on the sofa,   (being) reading a newspaper   .   ☞ 29
　　　　　　　　　　　　　　　　　　　　　　分詞構文

となり、分詞によって導かれている部分を **分詞構文** と呼びます。もとの文章の従属節の部分で、動詞が「**〜 する・した**」という意味(受動的ではない)で表されていたら、進行形ではなくても **現在分詞形(〜ing)** にします (<u>通常 being は省略</u> される)。

Cf. with ＋ O ＋ 分詞 → <u>付帯状況</u> を表す (e.g. with one's eyes closed 「目を閉じて」)

※ 全ての文章において分詞構文を作れるわけではない!!
　　従属節があれば、全て分詞構文に書き換えられるというわけではありません。接続詞が、<u>副詞節</u> を導くものという条件が付きます。つまり従属節(接 ＋ S' ＋ V'〜)が、**時、理由、譲歩、条件、付帯状況** を表す接続詞で導かれている場合のみ、この構文を作ることができるということです。
　　　　　　　　　　　　　　　　　　　　　　　　　　　　　　　　　☞ 4 参照

　e.g. 「彼女は風邪だった <u>ので</u>、その会議に出席できなかった。」
　　　<u>Since</u>   <u>she</u>   <u>was</u>   sick, she couldn't attend the meeting.
　　　接(理由)   S'   V'
　　　→ 副詞節を導く接続詞が **ある** ので 分詞構文に **書き換えられる!!**
　　　→ **Being** sick, she couldn't attend the meeting.
　　　　　　　※ V'が be動詞の場合は、基本的に being で分詞構文を始めましょう。

　　「ケンが良い人かどうかは分かりません。」
　　　I don't know **whether** Ken is a nice person.
　　　　　　　接(**名詞節** を導く)
　　　→ 接続詞で従属節が導かれてはいるが、<u>副詞節を導く接続詞 **ではない**</u>!!
　　　→ <u>分詞構文には **できない**</u>!!

※ 分詞構文の否定形
　　例えば、「(彼は) 何をいったらよいか分からなかった <u>ので</u>、彼は自分の意見を言いませんでした」を英語に表したい場合、

　　Because he did**n't** know what to say, he didn't give his opinion.

となります。この文の従属節（左側）には、「〜 なので」という 理由を表す接続詞 もあり、主節（右側）の方と主語も同じ なので、従属節を分詞構文 で表すことができます。しかし、今までと違うのは、分詞構文に否定の形 を入れる必要があるということです。こういう場合は、分詞の前に 'not' を置き、"**Not knowing** what to say, he didn't give his opinion." としましょう。

※ 主節と従属節の主語が異なっていたら？

　例えば、「お父さんが病気なので、今日は早く帰らなければならない」を、接続詞を用いて英語に直すと、

　　Because my father is sick, I have to go home early today.
　　接(理由)　 S'　 V'　　　　 S　 V

となりますが、副詞節を導く接続詞が使われているので、分詞構文を用いても、同様の意味を表すことが出来ます。しかし、主節の S は 'I'、従属節の S' は 'my father' と異なるので、☜ 29 と同様に書き換えることはできません。この場合は、従属節の V' の意味上の主語を表す 必要があるので、"**My father being** sick, I have to go home early today." とします。このように、主節と主語が違う分詞構文を、独立分詞構文 と呼びます。

※ よく使われる独立分詞構文 （従属節の意味上の主語が 一般の人々、話し手自身 の場合）
frankly / generally / strictly speaking　「率直 / 一般的 / 厳密 に言えば」,
speaking / talking of 〜 「〜 と言えば」,　judging from 〜 「〜 から判断すると」,
taking 〜 into consideration　「〜 を考慮に入れると」, etc.

Exercise 8

1. カッコ内の動詞を、それぞれ適当な形に直しなさい。

(1) You have several things (do) this evening.

(2) Do you remember (I, give) the CD back to you last month?

(3) Generally (speak), the product is user-friendly.

(4) (See) from this place, the rock is like a statue.

(5) He stopped (complain) about his ex-girlfriend.

(6) I took a taxi (be) in time for the concert.

(7) We are really interested in (bust) ghosts.

(8) We should avoid (walk) around here at night.

(9) My son grew up (be) a famous musician.

(10) The Greek book is very difficult for us (read).

2. 日本語の意味になるように、準動詞を使いカッコ内にそれぞれ適語を入れなさい。

(1) 覆水盆に返らず。　　　　　　　　　 It is (　)(　)(　) over spilt milk.

(2) あなた方は指導者に従うべきです。　You (　)(　)(　) your instructor.

(3) 妹は風邪をひかないように、ダウン・ジャケットを着ました。

My sister wore a down jacket ( )( )( )( )( ) a cold.

(4) その知らせを聞いて、飛び上って喜ばずにはいられませんでした。

I ( )( )( ) for joy when I heard the news.

(5) とても暑かったので、彼はイチゴ味のかき氷をたくさん食べました。

( )( )( )( ), he ate a lot of shaved ice with strawberry syrup.

(6) どこにそのゴミを捨てたらよいか教えて下さい。

Please tell me ( )( )( ) the garbage in.

(7) 目が覚めたら、(自分が)友達の家にいることに気付いた。

I ( )( )( )( ) in my friend's house.

(8) 大雪のため、その列車は札幌駅を出発できなかった。

The heavy snow ( ) the train ( )( ) Sapporo Station.

(9) その街では誰も見当たらなかった。 Not a person ( )( )( )( ) in the town.

(10) ジミーは足を組んで椅子に座っていました。

Jimmy was sitting on the chair ( )( )( )( ).

3. 次の日本文を英語に直しなさい(分詞構文を使って)。

(1) 台所に行ったけれど、自分のアイスクリームがどこにも見当たらなかった。

(2) 私がドアを開けると、私の犬がその部屋から飛び出しました。

(3) やりたくなかったのだが、私の姉はステージでおかしな出し物をやらされた。

Answers: 1. (1) to do (2) my giving (私が返した) (3) speaking (4) Seen (5) complaining (6) to be (7) busting (8) walking (9) to be (10) to read **2.** (1) no <u>use</u> / <u>good</u> crying (2) are to <u>follow</u> / <u>obey</u> (3) so as/in order not to have/catch (4) couldn't <u>help jumping</u> / <u>but jump</u> (5) It being very <u>hot</u> / <u>warm</u> (6) where to put (7) awoke to find myself (8) <u>prevented</u> / <u>stopped</u> · from leaving (9) was to be seen (10) with his legs crossed **3.** (1) Going to the kitchen,I couldn't find my ice cream anywhere. (2) I opening the door, my dog dashed out of the room. (3) Not wanting to do it, my sister was made to do a funny performance on the stage.

＊ One point English! ～ 交通機関の乗り換えをしたい時は？ ～

　アメリカの多くの街で走っている市営バスは、最初の乗車時に料金を支払えば、違う系統・路線、基本的に一回限りという条件が付きますが、追加料金無しで一定時間内に乗り換えができます。但し、最初に乗るバスで料金を支払った後に、**"Transfer, please."** と運転手に伝えてチケットをもらい、それを乗り換えたバスの乗車時に渡します。このシステムを上手く使えば交通費を節約できますが、現在は日本と同様に、Suica のようなシステムを用いている所も多いので、確認が必要です。ちなみに、サンフランシスコで走る市営の路面電車にも乗車可能なので、行動範囲を広げることも案外できますよ。

IX. 関係詞 (Relative Nouns and Adverbs)

☆ S + V を使って名詞の説明をしたい時には？

　例えば、「優しい女の子」を英語に直す時は、「女の子」という名詞、それを修飾する「優しい」という形容詞、それに冠詞をつけて、'a kind girl' とするということは、お分かりになると思います。では、「私が昨日会った 女の子」を英語に直したい時はどうしますか？この場合も、「女の子」という名詞、それを修飾する「私が昨日会った」という、形容詞と同じ働きを する部分、そして冠詞を使えば良いのですが、「私が昨日会った」という意味を表す形容詞はありません。そこで注目すべき点は、名詞を修飾する部分に、「私」、「会った」と、主語 と 動詞 が入っているというところです。

1. 関係代名詞

　前述にもある「私が昨日会った女の子」を使い、「あれは私が昨日会った女の子です」を英語に直す場合、先ず、「あれが女の子です、**そして** 私は昨日 **彼女に** 会った」とし、

　　　That is a girl <u>and</u> I met <u>her</u> yesterday.

と、英語に直します。勿論、これでも意味は通じますが、もっとスッキリした表現で、明確に「女の子」の説明をしたいと思うかもしれません。しかし、それは可能だと思いますか？答えは '<u>Yes</u>' です。

　そこで注目すべきは、文中の **接続詞 'and'** と **代名詞 'her'** で、これらを一まとめにします。次に、「一まとめにするにはどんな語を使うのか」ということになりますが、接続詞と代名詞の働き をする語が必要になってきます。その 2 つの働きをするのが、関係代名詞と呼ばれるものなのです。ということで、関係代名詞（この場合は修飾される部分が「人」、her は目的格なので **whom**）を用いて例文をスッキリさせると、

　　　That is a <u>girl</u> 　[　**whom** 　I met yesterday] .　　　　　　　🖝 30
　　　名 └────┘ = and, her 　　　　　　　[ ]内の関係代名詞節が 'girl' を修飾！

と、'whom I met yesterday' の部分が名詞を修飾するので、形容詞と同様の働きをする修飾節 (形容詞節) になります。この時に修飾される名詞は、先行詞 と呼ばれています。

関係代名詞の使い分け

Note: 修飾節内で先行詞を表す代名詞によって、使う関係代名詞は異なるので、右表で確認しておくこと。

先行詞	主格	所有格	目的格
人	who		whom
物	which	whose	which
人、物、人＋物	that		that

(1) 主格用法: 先行詞が修飾節の中で、代名詞の **主格** (I, you, he, she, it, we, they) で表されている場合の使い方。

e.g.「私には、歌うことが得意な友達がいます。」

→ 「私は友達を持っています、**そして 彼は** 歌が得意です。」

→ I have a <u>friend</u> | and | he | is good at singing.
先　　　　　　接　　主格

　　　　　　　　　　　　　　　　　　　　　　＜ 先 → 先行詞 ＞

└→ **who** or **that**

→ I have a friend **who** *(または* **that***)* is good at singing.

(2) 所有格用法: 先行詞が修飾節の中で、代名詞の **所有格** (my, your, his, her, its, our, their) で表されている場合の使い方。

e.g.「頂上が雪で覆われているあの山を見てごらん。」

→ 「あの山を見てごらん、**そして その** 頂上は雪で覆われている。」

→ Look at that <u>mountain</u> | and | its | top is covered with snow.
先　　　　　　　接　所有格

└→ **whose**

→ Look at that mountain **whose** top is covered with snow.

(3) 目的格用法: 先行詞が修飾節の中で、代名詞の **目的格** (me, you, him, her, it, us, them) で表されている場合の使い方。

e.g.「YOASOBI は多くの若者達が大好きなバンドです。」

→ 「YOASOBI はバンドです、**そして** 多くの若者達は **それが** 大好きです。」

→ YOASOBI is a <u>band</u> | and | many young people love | it |.
先　　　接　　　　　　　　　　　　　　　目的格

→ **which** or **that**

→ YOASOBI is a band **which** *(または* **that***)* many young people love.

Note: 関係代名詞の目的格は **省略可**。

e.g. He is a boy (**whom / that**) I met at the station yesterday.

YOASOBI is a band (**which / that**) many young people love.

※ 関係代名詞 that

関係代名詞 that は、先行詞が人でも物でも、または、主格・目的格用法の、<u>どちらでも使えます</u>（先行詞が <u>人＋物</u> の場合は、<u>that しか使えません</u>）。

e.g. 「私達は、公園で散歩をしている <u>人々と犬</u> を、よく見かけます。」

→ We can often see <u>people and dogs</u> | **that** = and they | are taking a walk in the park.
先(人 ＋ 動物)

また、先行詞に **all**、**every**、**any**、**no**、**the only**、**the same**、**the very**、序数詞（**the first**, **the second**, etc.)、形容詞の最上級 等、強い限定を表す修飾語句 が付く場合は、特に **that** が好まれる傾向があるので、基本的に that を使うようにしましょう。

70

e.g.「出来る事は全てやりなさい。」→ Do __*all*__ 　| __*that*__ | you can do.

先　　| = and, them |

「これは、まさに私が欲しかった本です。」

This is **the very** __book__ 　| __*that*__ | I have wanted.

先　　| = and, it |

※ 関係代名詞の that を使った慣用句

e.g.「君は一生懸命に勉強さえすれば良いのだ。」

All (*that*) you have to do is (to) study hard.

　クリスマス時期になるとよく耳にする、M. Carey の "All I want for Christmas is you"（恋人たちのクリスマス）にも、このパターンが使われています。

2. 関係副詞

　例えば、「これは私が以前住んでいた家です」を英語に直したい場合、まず注目すべき点は、「家」という 名詞 を、「私が以前住んでいた」という S+V を含んでいる部分が修飾 している点です。ということは、関係代名詞の時とパターン的には同じですが、修飾している方を厳密に言うと「私は以前 **そこに** 住んでいた」となり、「家」を表す語が代名詞ではなく、「そこに」という意味の 副詞、'**there**' で表されます。そこで、関係代名詞の時と同じように、「これがその家です、**そして そこに**、私は以前住んでいた」とし、

This is the house <u>and</u> I lived <u>there</u> before.

と英語に直します。これでも意味は通じますが、もっとスッキリした表現で、明確に「家」の説明をしたいと思うかもしれません。しかし、それは可能だと思いますか？答えは '**Yes**' です。

　そこで、文中の 接続詞 'and' と 副詞 'there' に注目をし、これらを一まとめにします。次に、「一まとめにするにはどんな語を使うのか」ということになるわけですが、<u>接続詞と副詞の働き</u> をする語が必要になってきます。その 2 つの働きをするのが、**関係副詞** と呼ばれるものなのです。ということで、関係副詞（この場合は修飾される部分が「場所」なので where）を用いて例文をスッキリさせると、

This is the <u>house</u> 　[| **where** | I lived before] .

先└────┘ = and, there 　　　[ ]内の関係副詞節が 'house' を修飾!

と、'where I lived before' の部分が、<u>場所を表す名詞（先行詞）</u>の説明をする <u>修飾節</u> になります。

関係副詞の使い分け

先行詞	場 所	時	理 由	方 法
関係副詞	where	when	why	how

Note: 修飾節内で先行詞を表す語句によって、使う関係副詞は異なる(→ 表で確認)。

Note: where の前に来る先行詞 'the place'、when の前に来る 'the day'、why の前に来る 'the reason' は、省略されることがある。

e.g.「あなたは、私達が結婚した日を覚えていますか。」
→「あなたはその日を覚えていますか、**そして その時**、私達は結婚しました。」

→ Do your remember the <u>day</u> 先 | and 接 | we got married | then 副 | ?

when

→ Do your remember the day | **when** | we got married?

「私は、ケイトが私の事を嫌いな理由が分かりません。」
→「私は(その)理由が分かりません、**そして そのために**、ケイトが私を嫌っています。」

→ I don't know the <u>reason</u> 先 | and 接 | Kate doesn't like me | for it 副詞句 | . ☜ **31**

why

→ I don't know the reason | **why** | Kate doesn't like me.

「これが、私がその場所に到達した方法です。」
→「これがその方法です、**そして そのようにして**、私はその場所に到達しました。」

→ This is the <u>way</u> 先 | and 接 | I reached the place | in it 副詞句 | . ☜ **32**

how

→ This is | **how** | I reached the place. / This is | **the way** | I reached the place.

Note: 関係副詞 how を使う時は、***the way how* とはしない** こと。また、how は省略可能だが、その時には先行詞の *the way* を必ず明記 すること。

3. 副詞句の中に代名詞があるけれど...

☜ **31、32** を見て気付いた方がいるかもしれませんが、<u>副詞に相当する部分</u>（副詞句）に、それぞれ <u>代名詞</u> が入っています。ということは、「関係代名詞は使えないの？」と思った方もいるのではないでしょうか。使えるかどうかと問われれば ... <u>使えます</u>。実際、関係代名詞も関係副詞も、<u>S+V の形を用いて名詞を修飾</u> するという点に於いては、基本的に同じなのですが、文章をスッキリさせる時の注目すべき部分が異なります。例えば ☜ **31** であれば、関係副詞を用いる時は、接続詞 <u>and</u> と副詞句 <u>for it</u>（前置詞 + 代名詞）に注目します。しかし、関係代名詞を用いる時は、

I don't know the <u>reason</u> 先 | and 接 | Kate doesn't like me for | it 代 | .

といったように、<u>接続詞</u> と <u>代名詞</u> の部分に注目をします。そして先行詞は人ではないの

72

で、使う関係代名詞は 'which' となり、

I don't know the reason ┃ which ┃ Kate doesn't like me for.
　　　　　　　　　　　= and, it　　　　　　　　　　　前

と、関係副詞 'why' を用いた文とほぼ同じ意味を表すことが出来ます。しかし、一つ注意すべき事は、関係代名詞節の最後が <u>前置詞で終わっている</u> 場合、その前置詞を <u>**関係代名詞の前**</u> に置くというルールがあるので、基本的にはそうしましょう。よって、

I don't know the reason ┃ for which ┃ Kate doesn't like me.　　　　　　　　<文語>

となります。また、関係代名詞を用いて ☜ 32 を書き換えると、これも先行詞は人ではないので、使う関係代名詞は **which** となり、

This is the way **which** I reached the place in.
→ This is the way ┃ in which ┃ I reached the place.　　　　　　　　　　　<文語>

となります。但し、<u>前置詞 ＋ 関・代（関係代名詞）の全てが、イコール関係副詞と同じというわけではない</u> ので、まずは確認しましょう（修飾節が表す内容に注意）。

Note: 関係代名詞の that を使う場合は、<u>前置詞は **後ろ**</u> に置き、<u>前置詞 ＋ that の形には</u> <u>しない</u> こと。

Note: 関・代の目的格用法では、関・代を省略できますが、省略した場合は、その前にある前置詞を、**文末に戻す**ことを忘れないようにすること（口語）。

<table>
<tr><td colspan="3">関係詞の使い分け　　☜ 33</td></tr>
<tr><td>先行詞</td><td>関係副詞</td><td>関係代名詞</td></tr>
<tr><td>場所</td><td>where</td><td>at/in/on which</td></tr>
<tr><td>時</td><td>when</td><td>at/in/on which</td></tr>
<tr><td>理由</td><td>why</td><td>for which</td></tr>
<tr><td>方法</td><td>how</td><td>in which</td></tr>
</table>

e.g. I don't know the reason (**which**) Kate doesn't like me **for**.
　　　This is the way (**which**) I reached the place **in**.

4. 関係代名詞 *what*

　例えば、「これは私が欲しい物です」を英語に直したい時は、「これが（その）物です、<u>そして 私は それが 欲しい</u>」とし、接続詞と代名詞の働きをする関係代名詞を用いて、

This is the <u>thing</u> ┃ which ┃ I want.　　　　　　　　　　　☜ 30 参照
　　　　　　先　　= and, it

と英語にすれば **OK** です。しかし、もっと文章をスッキリさせたいと思う人がいるかもしれません。しかし、それは可能だと思いますか？ 答えは **'Yes'** です。そこで注目するべき点は、先行詞です。先行詞が「こと」、「もの」という意味を表している場合、**先行詞 ＋ 関係代名詞** の部分を 関係代名詞の **what** を用いて１語で表すことが出来ます。よって、

This is ┃ what ┃ I want.
　　　　= the thing which
としても、ほぼ同じ意味を表す文章となります。

※ 関係代名詞の **what** を使った慣用句

what <u>they</u> / <u>we</u> / <u>you</u> call　「いわゆる」　(= what is called),

what is + <u>比較級</u>　「さらに ～ なことには」,

what + <u>主語</u> + is　「現在の ～」,　what + <u>主語</u> + <u>was</u> / <u>used to be</u>　「昔の ～」,

what + <u>little</u> / <u>few</u> + <u>名詞</u> + <u>主語</u> + <u>動詞</u> …　「少ないながら … する全ての ～」, etc.

5. その他の関係代名詞

　古い使い方ではあるが、次のような意味を表す文で、**as** や **than** も、全く同じにではないが、関係代名詞と同様に使うことができ、　<u>擬似関係代名詞</u>　と呼ばれています。

e.g.「時間を無駄にするような事をするべきではない。」

　　You should not do **such** things **as** you waste your time on.

　　「彼女が食べている料理と同じものを注文します。」

　　I'm going to order **the same** dish **as** she is having.

　　「マイクはそのテストで、もっと高い点数が取れると期待した。」

　　Mike expected higher scores **than** he got in the test.

　また、これも古い使い方で、さらにまれですが、**but** も同様に、<u>否定の先行詞の後</u> に置き、「… (し)ない」という意味で関係代名詞として使われることがあります。

e.g.「例外の <u>無い</u> 規則はない。」　　There is <u>no rule</u>　│ **but** │ has some exception.

　　　　　　　　　　　　　　　　　先(否定)　関・代

6. 制限用法・非制限用法

　「私の伯母には、今アメリカに住んでいる娘が二人います」を英語に直すと、「二人の娘」が先行詞、「今(彼女達は)アメリカに住んでいる」がそれを説明する部分となるので、関係代名詞を用いて文章を作ると、

　　My aunt has <u>two daughters</u> │ **who** │ live in America now.
　　　　　　　　先行詞　　　　　　│ = and they │

となります。このような関係詞の使い方は、<u>最初から説明する語句を制限</u> (この場合は 'two daughters' を)しているということで、**制限／限定 用法** と言います。

　では、「私の伯母には二人娘がいますが、彼女たちは今アメリカに住んでいます」を英語にするには、どうすれば良いでしょう。前述の文と似ているので、同じ語句を使うことが出来ますが、大きな違いは、主となる文章を最初に言い、「そうだ、これも言っておこう」といった感じで、<u>後で先行詞を説明する部分を付け加えている</u> 点です。そういう場合には、<u>後で説明を付け加えている</u> ということを表すために、**関係詞の前にカンマ** を置き、

　　My aunt has two daughters(,) **who** live in America now.

とすれば OK です。

このような関係詞の使い方は、最初から説明する語句を制限していない、または、後で付け加えて説明 しているということで、非制限 / 継続用法 と言います。

※ 関係詞で使う語は全て非制限用法で使える？

答えは 'No' です。使えるもの、使えないものに関しては、右表の通りです。確認しておきましょう。

また、which の所有格用法は whose を使いますが、非制限用法で使う場合は、基本的には 'of which' を使うようです。

	使える	使えない
関係代名詞	who, whose, whom, which	that
関係副詞	where, when	why, how

e.g. Yesterday, I bought a CD , __of which the producer / the producer of which__

is a famous musician.　　　　　　↑　　= **whose** producer

(昨日私は CD を買いましたが、そのプロデューサは有名な音楽家です。)

※ 関係詞に含まれる接続詞

制限用法 で関係詞を使う場合は、通常、関係詞は接続詞 'and' を含みます。その場合、日本語訳をする時に 「そして」と訳す必要は無い のですが、非制限 / 継続用法 では 'and' だけではなく、'but' や 'so' といった意味を含むこともあるので、日本語訳をする時は、それぞれの意味を表す必要があります。

e.g. 「私はまさに家を出ようとしていたの **だが**、その時、私の母が叫びました。」

I was about to leave home,　| **when** |　my mother shouted.
　　　　　　　　　　　　　| = but then, |

「札幌(は)、(そして) そこを私達は 2 年前に訪れたのだが、とても美しい街です。」

Sapporo,　| **where** |　we visited two years ago, is a very beautiful city.
　　　　　| = and there, |

7. 合成(複合)関係詞

例えば、「君が欲しい ものは何でも 言ってごらん」を英語に直したい時は、

Tell me any thing | that / which |　you want.
　　　　　　　　　　　関・代

と、関係代名詞を用いて英語にしますが、「〜 ものは何でも」を表す 'any thing that / which' を一まとめにしたいという人がいるかもしれません。できるかどうかと言えば、答えは 'Yes' です。では、どんな語を使うのかということになりますが、「もの」という先行詞を含む関係詞 'what' に 'ever' をつけて、**'whatever'** と一まとめにして、

Tell me | **whatever** | you want.

と、ほぼ同じ意味を表すことができます。この時に使う語を **合成 / 複合 関係代名詞** と言

います。これは接続詞と同様に扱われて、__名詞と同じ働き__ をするので、__名詞節__ を導きます。

関・代	意　味	合・関・代
合成関係代名詞(名詞節)の使い分け		
any person/people that/who 〜	「〜人は 誰でも」	whoever
any one(s) that/ which 〜	「〜もの・こと はどれでも」	whichever
any thing(s) that/ which 〜	「〜ものは・ ことは何でも」	whatever

e.g. 「参加したい __人には誰でも__ 、
　　　私達は門戸を開いています。」

　　　We open the door to **whoever**
　　　wants to join us. 🕊 34

　「気に入った __物はどれでも__ 、
　　選んでよいのですか。」　　May I pick up **whichever** I like?

Note: 'whoever' は 🕊 34 のように主格と同じように使われます (any person <u>who</u> + V' 〜) が、「〜 人は誰でも」という部分が 'any person <u>whom</u> S' + V' 〜' のように目的格用法の場合は、古い使い方ではあるが '**whomever**' を使います。

　e.g. 「あなたが歌いたい __人なら誰とでも__ 、一緒に歌うことができます。」

　　　You can sing along with **whomever** you want to.

　'whoever'、'whichever'、'whatever' は、名詞の他に __譲歩を表す副詞節__ を導く語としても使うことができます。その時は、「誰が / どれを / 何が・を 〜 でも」(= no mtatter who / which / what 〜) という意味になるので、間違えないようにしましょう。　　　🕊 35

e.g. 「__誰が__ そう __言っても__ 、私はその話を信じません。」

　　Whoever (= No matter who) says so, I will not believe the story.

　「あなたが __どの__ 箱を __選んでも__ 、大差はありません。」

　　Whichever (= No matter which) box you choose, there is no big difference.

　「__何が起きても__ 、私は心変わりしません。」

　　I will never change my mind **whatever** (= no matter what) happens.

　　　　　　　　　　　　　　　　　　　　　　（×　will happen）🕊 10 参照

Note: 古い言い方だが、譲歩を表す副詞節に **may** を入れることもある。

　　Whoever **may** join, this club welcome them (him or her).　　　　　<文語>

　　（誰が参加しても、このクラブは歓迎してくれます。）

　次に、「あなたが好きな __所ならどこにでも__ 座っていいですよ」を英語に直したい時は、関係代名詞を用いて、

　You may sit <u>on any place</u> | that / which | you like.
　　　　　　　　　　関・代

76

となりますが、☜ **33** の表にもあるように、'on which ～' という「前置詞＋関・代」の部分は、先行詞が「場所」を表している場合、関係副詞で一まとめにできましたね。ならば、<u>先行詞の部分も含めて一まとめにしたい!!</u> という人がいるかもしれません。できるかどうかと言えば、これも答えは **'Yes'** です。では、どんな語を使うのかということになりますが、'on which' を表す関係副詞 'where' に 'ever' をつけて、**'wherever'** と一まとめにし、

    You may sit **wherever** you like.

合成関係副詞（副詞節）の使い分け

と表す事ができます。この時に使う語を、**合成(複合)関係副詞** と言います。

この接続詞と同様に扱われる合成関係副詞は、<u>副詞と同じ働き</u> をするので、<u>副詞節</u> を導きます。また、時や場所以外に、**譲歩** を表す時にも使えるので、併せて覚えておきましょう。

関・代	意　味	合・関・副
at/on any place that/which ～	「～所にはどこにでも」(場所) 「どこに～でも」(譲歩)	wherever
at/on any time that/which ～	「～時はいつでも」(時) 「いつ～でも」(譲歩)	whenever
in any way which/that ～	「どんな方法で～でも」(譲歩)	however

(注: place、time につく前置詞は、at/on 以外の場合もある。)

e.g. 「どこに居ても、君との素敵な出来事を思い出してしまうよ。」(譲歩)

Wherever (= No matter where) I am, I can't help remembering good memories with you.

「私の姉は、時間が <u>あるといつも</u> 電話でおしゃべりばかりしています。」(時)

My sister is chatting on the phone **whenever** she has time.

「<u>いつ</u> 私に通りで <u>会っても</u>、ジムは私の事を褒めてくれます。」(譲歩)

Jim praises me **whenever** (= no matter when) he sees me on the street.

「<u>どんな方法でやっても</u>、学生達はその問題を解けないだろう。」(譲歩)

However (= No matter how) they try, students won't be able to solve the question.

☜ **36**

Cf. 「<u>どんなに大きな声で叫んでも</u>、政治家達は耳を傾けようとしなかった。」(譲歩)

However (= No matter how) loudly we raised our voices, politicinas wouldn't listen to us.　< however ＋ <u>形容詞 / 副詞</u> ＋ S' ＋ V' ～ 「どんなに～でも」という使い方もある。>

☜ **37**

Note: 譲歩を表す合成関係詞は、'no matter ～' を使って表すことも可。　☜ **35～37 参照**

Note: 主節が最初に来る場合、合成関係詞節との間にカンマを置くことがありますが、<u>非制限用法というわけではありません。</u>

　　e.g. 「彼がいつ現れても、私は彼を許すでしょう。」

　　　　I'll forgive him, **whenever** he shows up.

　　　　　　　　　　（✕ will show up）　　　　　　　　　　☜ **10 参照**

Exercise 9

1. カッコ内に最も適当な関係代名詞・関係副詞を入れなさい。

(1) This is (　) I opened the bottle.　(2) The musician (　) I like best is K. Kuwata.

(3) She is Maria, (　) gets along with my sister.

(4) Is there anything (　) you can do for me?　(5) Tell us (　) you want to do.

(6) Okinawa is a prefecture (　) history is very tragic.

(7) Hide was watching a TV, (　) his phone rang.

(8) Today, he is wearing the same T-shirt (　) mine.

(9) In San Francisco, there is a place called "*Japan Town*," (　) many American-Japanese live.

2. 次の2文を、それぞれ関係代名詞か関係副詞を用いて1文にしなさい。

(1) The typnoon was No. 20.　It hit the Hokkaido district.

(2) That is the airplane.　My frined flew over the Atlantic in it.

(3) That's the reason.　He dropped out of high school for it.

(4) October 10th is the day.　Our athletic festival is held on it.

(5) Our family went to Hawaii, but we didn't swim there.

(6) I can tell the way.　I have succeeded in business in it.

3. 日本語の意味になるように、カッコ内に適語を入れなさい。

(1) 彼女はハンドバッグを盗まれ、さらに悪い事には、その中に財布が入っていた。
　　She had her handbag stolen, (　)(　)(　), her purse was in it.

(2) 彼がどんなに遅く帰宅しても、彼の妻はいつも起きて待っていてくれます。
　　(　)(　)(　)(　) he (　)(　), his wife always waits for him, staying up.

(3) 何を着てもチャッピーは可愛いです。　(　)(　)(　), Chappy looks cute.

(4) いつ帰省しても、私の家族は皆、私を温かく迎えてくれます。
　　(　) I (　)(　) my (　), all my family welcome me warmly.

(5) トムはテレビゲームをやめるそうだが、それは彼には難しいことである。
　　I hear that Tom will stop playing video games, (　)(　)(　)(　) him.

(6) ミカが一緒に歩いているあの男の子は誰ですか。　Who is that boy (　)(　)(　)(　)?

Answers: 1. (1) how (2) whom (3) who (4) that (5) what (6) whose (7) when (8) as (9) where

　2. (1) The typhoon <u>which</u> / <u>that</u> hit the Hokkaido district was No. 20.　(2) That is the airplane in which my friend flew over the Atlantic.　(3) That's the reason <u>why</u> / <u>for which</u> he dropped out of high school.　(4) October 10th is the day <u>when</u> / <u>on which</u> our athletic festival is held.　(5) Our family went to Hawaii, <u>where</u> / <u>in which</u> we didn't swim.

　(6) I can tell <u>the way</u> / <u>how</u> / <u>the way in which</u> I have succeeded in business.

　3. (1) what was worse　(2) No matter how late・comes home　(3) Whatever she wears

　(4) Whenever・return to・hometown (5) which is difficult for (6) Mika is walking with

78

X. 比較・最上級 (*Comparative and Superlative Degrees*)

　「誰かと自分」、または、「ある物と別の物」を比較したいという時には、その内容に応じて、形容詞や副詞の形を変化させる必要があります。

1. 原級を用いた比較 (*Positive Degree*)
　例えば、「トムはケンと同じくらい背が高い」を英語で表したいとします。言い換えると、「<u>2人</u>を比べたら背の高さは **同じ**」と、背の高さは **同程度** ということになります。この場合には **同等比較** と言う比較の形、**as＋** 形容詞 / 副詞の **原級 ＋ as** という表現を用いて英語に直すことが出来ます。それを用いて前述の日本文を英語に直すと、

　　　Tom is **as <u>tall</u> as** Ken.
　　　　　　　形容詞

となります。では、「サリーはケイコと <u>同じ位上手に</u> 歌を歌う」はどうなるでしょう。これも2人を比べたら、「歌の上手さは <u>同程度</u>」ということになるので同等比較を使い、

　　　Sally sings (a song) **as <u>well</u> as** Keiko.
　　　　　　　　　　　　　　副詞

となります。前述の英文からも分かるように、同等比較を表す場合、形容詞・副詞は <u>変化をさせない</u>、**原級** (元の形) を使うということに注意しましょう。

※ 覚えておきたい同等比較を使った慣用表現
A as well as B 「Bだけではなく / と同様に Aも」，　as good as ～ 「～ も同然で」，
as＋ 原級 ＋as＋ 主語 <u>can</u> / <u>as possible</u>　「できるだけ ～」，
as <u>many</u> / <u>much</u> as ～ 「～ も (数を強調) / (程度・量を強調)」，
… times as＋ 原級 ＋as A 「Aの … 倍 ～」(2倍は twice、それ以上は ～ times を使う)，
as＋ 原級 ＋as ever 「いまだかつてないほど ～」，
as＋ 原級 ＋ 冠詞 (a, an) ＋ 名詞 ＋as ever　「今までにいないような ～ な …」，
as＋ 原級 ＋as any 単数名詞　「どんな … にも劣らず ～」，
not so much as ～ 「～さえしない」, not so much A as B 「A というよりもむしろ B」, etc.

2. 比較級 (*Comparative Degree*)
　例えば、「ジャックはヒロ <u>より年上</u> です」を英語で表したいとします。これは、<u>2人</u> を比べたら「Jack の方が **より年をとっている**」となり、両者の間に **差** が生じます。その差を表す時に使う比較の形を **比較級** と言い、**形容詞 / 副詞 に - er** をつけたものを基本的に用い、「～ より」という意味を表す前置詞 **'than'** をつなげ、その差を表す英語に直すことが出来ます。それを用いて前述の日本文を英語に直すと、

　　　Jack is **<u>older</u> than** Hiro.
　　　　　　　形容詞

となります。では、「ケリーはミカより速く走ることが出来る」はどうなるでしょう。これ

も 2 人を比べたら、「走ることに於いては 差 がある」ということになるので比較級を使い、

      Kelly can run **<u>faster</u> than** Mika.
                 副詞

となります。

Note: 1 音節 の形容詞・副詞、**y** で終わる形容詞の比較級を表す時は **-er** を付ければ良い
      が、**2 音節** の形容詞の大半、**3 音節以上** の形容詞、**-ly** で終わる副詞（early を除く）
      には、前に '**<u>more</u>**' を付けて比較級を表します（**規則変化**）。
    e.g. more beautiful (interesting, important, etc.)   **more** slowly (carefully, quickly, etc.)

※ 覚えておきたい比較級を使った慣用表現

<u>比較級</u> ＋ and ＋ <u>比較級</u>   「ますます / だんだん 〜」（比較級の部分には同じ単語が入る），
The ＋ <u>比較級</u> ＋ S ＋ V 〜, the ＋ <u>比較級</u> ＋ S' ＋ V' … 「〜 すればするほど、ますます …」，
the ＋ <u>比較級</u> ＋ of the two 「2 人 / 2 つ のうちで、より 〜 な方」，
<u>比較級</u> ＋ than any other ＋ <u>単数名詞</u> 「他のどの … よりも 〜」   🖅 **38**
               （比較対象が 異種 の場合は <u>other</u> を入れない），
all the ＋ <u>比較級</u> ＋ for … 「… なので / のために、かえって一層 〜」，
more <u>原級</u> ＋ than ＋ <u>原級</u> 「… というよりむしろ 〜」
               （同一の 人 / 物 の異なる性質を比較), etc.

3. 最上級 *(Superlative Degree)*

   例えば、「東京スカイツリーは日本(の中)で 一番高い 塔です」を英語で表したいとします。
これは、日本にある塔は 3 つ以上 ありますが、それらの塔の高さを比べたら、「**一番高い**」
ということを表わしています。この、「一番 〜」という意味を表す時に使う比較の形を
<u>最上級</u> と言い、<u>形容詞 / 副詞に **- est**</u> をつけたものを基本的に用い、必要であれば、'**in**'
[〜（単数名詞－集団・場所等）の中で]、'**of**' [〜（複数名詞－物・人等）のうちで]をつなげて、
最上級の意味を表す英語に直すことが出来ます。それを用いて前述の日本文を英語に直すと、

      Tokyo Sky Tree is **the <u>highest</u>** tower in Japan.
                   形容詞

となります。この時に注意する事は、最上級の前に '**<u>the</u>**' を付けることです。但し、**副詞の**
最上級 の場合は 省略が可能 です。では、「ジルは級友達のなか(うち)で、毎日 一番早く 学
校に来ます」はどうなるでしょう。これも一般的には 3 人以上 はいる級友達と比べたら、
「一番早く 来る」ということを表わしているので最上級を使い、

      Jill comes to school (**the**) **<u>earliest</u>** of her classmates every day.
                   副 詞

となります。

Note: <u>同一の人・物事</u> に関する比較で、最上級の部分を **補語** として表す場合は、形容詞
      を使っていても、基本的に <u>the</u> は付けない。

e.g.「彼女は自分の犬と一緒にいる時が、<u>一番幸せ</u> だと感じています。」
　　→ 彼女自身の事だけに関する比較で、<u>他者との比較ではない</u>。
　　She feels **happiest** when she is with her dog.

Note: 比較級の時と同様に、**1音節** の形容詞・副詞、**y** で終わる形容詞の最上級を表す時は
　　 -est を付ければ良いが、**2音節** の形容詞の大半、**3音節以上**の形容詞、**-ly** で終わる
　　 副詞（early を除く）には、前に ‘<u>**most**</u>’ を付けて最上級を表します（**規則変化**）。
　　e.g. the most beautiful (dangerous, interesting, important, etc.)
　　　the most slowly (carefully, marvelously, quickly, etc.)

※ 覚えておきたい最上級を使った慣用表現
the ＋ <u>序数詞</u> ＋ <u>最上級</u> ＋ <u>名詞</u>　「‥‥ 番目に ～ な …」　＊基数詞には3番目なら2、
　　（= the ＋ <u>最上級</u> ＋ <u>名詞</u> ＋ but ＋ <u>基数詞</u>),　　　　4番目なら3、… と入れる。
<u>動詞</u> ＋ most ＋ <u>副詞</u>　「非常に ～ に ― する」,
(a/the) most ＋ <u>原級</u> ＋ <u>名詞</u>　「非常に ～ な …」（単に very の意で使う最上級),
one of the ＋ <u>最上級</u> ＋ <u>複数名詞</u>　「最も ～ な … の1人/1つ」,
the ＋ <u>最上級</u> ＋ <u>単数名詞</u>　that I have ever ＋ <u>過去分詞</u>
　　「私が今までに ― した中で、一番 ～ な …」, etc.

※ 最上級を使わないけど最上級?
　　形容詞・副詞を最上級の形にしなくても、以下のような表現に於いては、最上級と同じ意
味を表すことが出来ます。　　　　　　　　　　　　　　　　☞ **38 参照**
＊ <u>Nothing (Nobody)</u> / <u>No</u> (other) ＋ 名詞 ＋ V ＋ so / as ＋ 原級 ＋ as ＋ A
　= <u>Nothing (Nobody)</u> / <u>No</u> (other) ＋ 名詞 ＋ V ＋ 比較級 than ＋ A
　= A is the 最上級　　　　「A ほど ～ な物/人/名詞 は ない/いない → A が <u>一番 ～</u>」

e.g.「この世で愛と平和 <u>ほど大切な物</u> はありません。」
　　<u>Nothing</u> / <u>No other thing</u> is **so / as** important **as** love and peace in the world.
　= <u>Nothing</u> / <u>No other thing</u> is **more** important **than** love and peace in the world.
　= Love and peace are **the most** important things in the world.

＊ be second to none　　「誰にも劣らない」
　「キャメロンは演技に於いては誰にも劣らない。」　Cameron **is second to none** in acting.

Note: 形容詞・副詞を比較級・最上級に変化させる時、単語の終りが e ならば、その <u>e を
　　取って</u>、「<u>子音字 ＋y</u>」ならば <u>y を i に変えて</u>、また、単語の終りが「<u>短母音 ＋1子
　　音字</u>」ならば、<u>最後の子音字を重ねて</u>、それぞれ **-er** 、**-est** を付けること。
　e.g. wise - wis**er** - wis**est**,　free - free**r** - free**st**,　happy - happ**ier** - happ**iest**,
　　busy - bus**ier** - bus**iest**,　hot - hot**ter** - hot**test**,　thin - thin**ner** - thin**nest**, etc.

4. 不規則変化をする形容詞・副詞

　比較級・最上級を表す時に、規則変化をするものであれば形容詞・副詞に、比較級なら -er か more、最上級なら -est か most を付ければ良いが、この限りではない、不規則変化をする形容詞・副詞もあるので、その変化も覚えておきましょう。

※ よく使われる不規則変化をする形容詞・副詞

原　級	比較級	最上級	原　級	比較級	最上級
many / much	more	most	good / well	better	best
little	less	least	bad / ill	worse	worst

5. その他の比較を用いた表現

* 原級を用いたもの → not so much as + 動詞の原形 「〜 することさえしない」,
　like so <u>many</u> / <u>much</u> 〜 「まるで 〜 (数を表す / 量・程度を表す語)のように」,
　… as many 〜 「… と同数の 〜」, etc.

* 比較級を用いたもの → know better than to + 動詞の原形「〜するほど馬鹿ではない」,
　no more 〜 than … 「…ではないのと同様に〜ではない (= not 〜 any more than …)」,
　A is no more B than C is D 「A が B でないのは C が D でないのと同じ」,
　no more than … 「たった (= only) …」,　not more than … 「せいぜい (= at most) …」,
　no less than … 「… も (as <u>many</u> / <u>much</u> as …)」,
　not less than … 「少なくとも (= at least) …」,
　<u>no</u> / <u>not</u> less + 原級 + than …
　「… と同様に (= just as 〜 as)・に勝るとも劣らず (= probably more 〜 than) 〜」,
　no sooner 〜 than … 「〜 するや否や … (as soon as 〜, …)」,　　　🐌 39
　<u>否定文</u>, much / still less … 「〜、まして … ない (= let alone …)」, etc.

Note: 🐌 39 は <u>文頭に否定</u> を表す語が来るので、「〜」の部分は **倒置**(S,V が逆) で表す。
　e.g.　┃**No**┃ sooner <u>did / had</u> <u>John</u> come back home than he went to bed.　(V+S)
　　　= As soon as he <u>came / had come</u> back home, John went to bed.　　(S+V)
　　　(家に帰ってくるや否や、ジョンは寝ました。)　＜この場合、動詞の時制は過去、
　　　　　　　　　　　　　　　　　　　　　　　過去完了のどちらでも可!＞

* ラテン語由来の比較級
　このタイプの比較級 (inferior, junior, prior, senior, superior, etc.) では、「〜 より」という意味を表す語は 'than' でなはく **'to'** となります。
e.g. Rina is **superior <u>to</u>** me in dancing.　(踊りにおいては、リナは私より優れている。)
　　　Genta is two years **senior <u>to</u>** Shyota.　(元太は翔太よりも 2 歳年上です。)
　　　This document was made five days **prior <u>to</u>** his departure.
　　　(この書類は彼の出発する 5 日前に作成されました。)

Cf. 比較級・最上級を 強調 する語: (比) a lot, far, much, etc.　(最) by far, much, etc.

Exercise 10

1. それぞれ意味が通るように、カッコ内の語を適当な形に直しなさい。

(1) This machine is (useful) than mine.   (2) My girlfriend is the (tall) of the two.

(3) Harvard is one of the (high) ranking schools in the world.

(4) Nikko is (beautiful) at this time of the year.

(5) The (high) you go up, the (low) the temperature gets.

(6) Rocky is the third (fast) runner in our school.

(7) Takuya is (happy) while he is surfing.

2. 2文がほぼ同じ意味になるように、それぞれカッコ内に適語を入れなさい。

(1) No other comedienne is ( ) funny ( ) Dakota.

    = Dakota is ( )( )( )( ) comedienne.

(2) Her MP3 player is far better ( ) mine. = Her MP3 player is far ( ) to mine.

(3) I paid ( ) 5,000 yen for the shirt. = I paid no ( )( ) 5,000 yen for the shirt.

(4) He can read ( )( )( ) 30 pages a day. = He can read 30 pages a day ( ) least.

(5) A dophin is no ( ) a fish ( ) a dog is.

    = A dolphin is not a fish ( )( )( ) a dog is.

(6) ( ) soon ( ) she came home, Rina burst into tears on the couch.

    = No ( )( ) Rina ( ) home ( ) she burst into tears on the couch.

3. 日本語の意味になるように、カッコ内に適語を入れなさい。

(1) ミカは静かだったというよりはむしろ緊張していた。 Mika was ( )( )( )( ).

(2) 彼女が控えめだからこそ、一層皆は彼女の事が大好きなのです。

    Everyobdy loves her ( )( )( )( ) her modesty.

(3) 山中博士は今までにいないような偉大な科学者だ。

    Dr. Yamanaka is ( )( )( )( )( ) ever lived.

(4) ベンは私の2倍の(数の)ギターを持っている。 Ben has ( )( )( )( )( ) I have.

(5) 私の妹は、私より3センチメートル背が低いです。

    My sister is ( )( ) I ( )( ) three centimeters.

(6) マリエは小説家というよりは評論家だ。   Marie is not ( )( ) a ( )( ) a ( ).

(7) 知床は冬季の今頃が一番寒い。   It is ( ) in Shiretoko ( )( )( ) of the winter season.

Answers: 1. (1) more useful   (2) taller   (3) highest   (4) most beautiful   (5) higher・lower
  (6) fastest   (7) happiest   **2.** (1) as・as・funnier than any other   (2) than・superior
  (3) only・more than   (4) not less than・at   (5) more・than・any more than   (6) As・as
  ・sooner <u>did</u> / <u>had</u>・come・than   **3.** (1) more nervous than quiet   (2) all the better for
  (3) as great a scientist as   (4) twice as many guitars as   (5) shorter than・am by
  (6) so much・novelist as・critic   (7) coldest・<u>about</u> / <u>around</u> this time

83

XI. 仮定法 (The Subjunctive Mood)

　　例えば、「もし私が(自分の力で)飛べたら」ということを英語で表したい時は、どうすればよいでしょう。「If I can fly' と英語に訳せば良いのでは?」と、思うかもしれません。しかし、人は努力・練習をしても、道具を使わずに地上から自力で飛べるようにはなりません。つまり、ここで述べている「私が飛べる」ということは、「事実とは違うこと」、または、「仮定、想像、願望」を表しているということになります。そういった内容を英語で表したい時に使うものが、仮定法 という形なのです。

　　では、どのように仮定法の形にするのかというと、注目すべき点は、動詞の時制 です。英語に於いて「事実と違うこと」、「仮定・想像」を伝える時は、直接的にではなく、遠回しに、すなわち、間接的に伝えるような表現を使います。そのためには、時制を1つ昔にずらす という方法をとります。例えば、今 の事を言いたいのであれば、現在形の動詞を 過去形 に、過去 の事を言いたいのであれば、過去形の動詞を 過去完了形 にします。

1. 今 の事実に反することや仮定・想像

　　例えば、「もし私が 飛べるのなら、明日までにその街に 着くのになぁ」という日本文を英語で表したいとします。しかし私は飛べないので、「事実とは違うこと」、「仮定・想像」だと言え、日本文から 時制は現在 と判断できます。また、「できる」は可能、「〜のになぁ」は先の事といった部分を踏まえ、if-節、主節の時制を1つ昔にずらして 過去形 にすると、

　　　If I <u>could</u> fly, I <u>would</u> get to the town by tomorrow.　　　　　　　　🕬 40
　　　　　過去形　　　過去形

という仮定法の文が出来上がります。このように、今の事実に反することや仮定・想像 を表したいという時に使う仮定法を、仮定法過去(仮・過)と言います。仮定法を使わずに 🕬 40 の英文を、事実をありのまま に言いたいのなら、「私は 飛べないので、明日までにその街に 着かないでしょう」となるので、動詞の部分の 時制は変えず(過去形にしない)、

　　　Because I <u>can</u> not fly, I <u>will</u> not get to the town by tomorrow.　(直接法)
　　　　　　　×could　　　×would

と表します。

　　もう一つ練習してみましょう。「もし私があなた なら、そんな事は絶対に しないでしょう」を英語に直したら、どうなりますか?これも、「私があなたなら」とありますが、私はあなたではないので、「事実とは違うこと」、「仮定・想像」だと言えます。そして日本文から、時制は現在 だと判断、「でしょう」は先の事とし、仮定法過去 の形を使い、

　　　If I <u>were</u> you, I <u>would</u> never do such a thing.　(* 直接法 → Because I'<u>m</u> not you,
　　　　　過去形　　　　　過去形　　　　　　　　　　　　　　　 I'll never do such a thing.)

となります。ここで注意すべき点は、if-節の動詞に '<u>were</u>' が使われているところです。主語が 'I' なのだから、当然 be 動詞は 'was' だろうと思うでしょう。しかし、前述にもあるように、遠回しの表現 なので、ここもそれに合わせて 'were' を使っているのだろうと考えれば良いと思います。口語や会話では、'was' を使うこともありますが、基本的には 'were'

84

<u>を使う</u> と覚えておいて下さい。

Note: 「もし ～ ならば、… なのに」ということを英語で表したい時は、"**If S' + V'の過去**
形 ～, S + 助動詞（would, could, might, should）+ V の原形 …." を使う。

2. <u>過去</u> <u>の事実に反することや仮定・想像</u>

　例えば、「もしもっと <u>勉強をしていたら</u>、その試験に <u>合格することができたのに</u>」とい
う日本文を英語で表したいとします。これは言いかえると、実際は「勉強をしていなかった
ので、試験に合格できなかった」ということになり、「事実とは違うこと」、または、「仮定・
想像」だと言え、日本文から <u>時制は過去</u> と判断できます。このような時には if-節の時制
を 1 つ昔にずらして <u>過去完了形</u> にして <u>仮定法</u> の形を使います。この時、主節の方にも
「<u>助動詞 + have + 過去分詞</u>」の形で <u>完了形</u> を使います。よって、英語に直すと、

　　　If I **had studied** hard, I **could have passed** the examination.　　　　　　🖝 **41**
　　　　　過去完了形　　　　　助動詞 + 完了形

となります。このように、<u>過去の事実に反することや、仮定・想像</u> を表したいという時に
使う仮定法を、<u>仮定法過去完了</u>（仮・過・完）と言います。仮定法を使わずに 🖝 **41** の英文
を、事実をありのままに言いたいのなら、「私は <u>勉強をしていなかったので</u>、その試験に
<u>合格できなかった</u>」となるので、<u>時制は変えずに 過去形のまま</u> で、

　　　Because I **didn't study** hard, I **couldn't pass** the examination.
　　　　　　×hadn't studied　　×couldn't have passed

と表します。

Note: 「もし ～ だったならば、… だったのに」ということを英語で表したい時は、"**If S'**
+ had + V'の過去分詞形 ～, S + 助動詞（would, could, might, should）+ have +
V の過去分詞形 …." を使う。

3. <u>未来</u> <u>における仮定・想像</u>（実現する <u>可能性は無</u>いか、あってもかなり低い）

　例えば、「もし地球が <u>無くなったら</u>、僕たちはどう <u>なるのだろう</u>」という日本語を英語
で表したいとします。現実的に考えて、「地球が無くなることは無い」ので、それによって
「何も私達に起こらない」ということになり、**実現の可能性は無い** 状況、つまり、「仮定・
想像」だと言えます。であれば、<u>仮定法</u> の形で表せば良いでしょう、時制は日本文から
<u>未来</u> と判断できます。このように、<u>未来における実現する可能性は無い</u>、または、<u>あって</u>
<u>もかなり低い</u> と思うような事を表したい時に使う仮定法を、<u>仮定法未来</u> と言います。

　　ここで注意すべき点は、仮定法 過去 / 過去完了と同様に動詞の時制をずらしますが、従
属節の方では '**were to**' か '**should**' を使うことです。'were to' は可能性のあることでも無
いことでも、どちらでも使うことができますが、'should' は **可能性のあることのみ** にしか
使えないので、気をつけましょう。<u>主節の方も時制は過去</u> で表します。よって、例文は、

　　　If the earth **were to** disappear, what **would happen** to us?

という英文になります。

85

Note: 「仮に 〜 だとすれば / 万一 〜 だとしたら、… だろう」ということを英語で表したい時は、"**If S'** + <u>were to</u> / <u>should</u> + **V'**の原形 〜, **S** + 助動詞 (would, should, could, might) + **V** の原形 …." を使う (主節の助動詞 → will、shall、can、may でも良い)。

4. if-節を省略した仮定法

通常、仮定法の文を作る時には if-節 が必要になりますが、if-節が無くても仮定法を表す事はできます。では、どのようにするのかをチェックしていきましょう。

(1) 倒置を使う

if-節で主語と動詞を逆にする **倒置** を使った場合は、<u>if を省略する</u> ことがあります。例えば、「もし私があなたの立場なら、その計画を承認しないだろう」を英語に直したいとします。時制は <u>現在</u> なので、<u>仮定法過去</u> を使って英文を作ると、

If I <u>**were**</u> in your place, I <u>**would**</u> not <u>**agree**</u> to the plan.　　　　　🖝 **42**

となりますが、倒置を使うと、

| **Were** | I in your place, I **would** not **agree** to the plan.

となり、if-節が無くても同じ意味を表すことができます。

Note: 倒置のパターンは、<u>仮定法過去完了 (Had + S' + V'の過去分詞形 〜)</u> で使われることが多い。

(2) if-節に副詞(句)がある

🖝 **42** の 'in your place' は、場所を表す <u>副詞句</u> ですが、これだけでも条件・仮定を表すことができます。つまり、'If I were' の部分を省略し、

In your place, I would not agree to the plan.　　　　　🖝 **43**

とすることもできます。

また、🖝 **41** の英文を「私は一生懸命勉強しました。さもなければ、その試験に合格できなかったでしょう」と言い換えたとしましょう。文章の中に「さもなければ」という表現が入っている場合、この部分には「<u>もし</u> 私がそう <u>しなかったら</u>」という意味が含まれているので、<u>if-節に相当する部分</u> となります。しかし、「さもなければ」という意味を表す副詞 'otherwise' があるので、これを使えば if-節を使わずに、

I <u>studied</u> so hard; <u>**otherwise**</u>, I <u>**could**</u> <u>not</u> <u>**have**</u> <u>**passed**</u> the examination.
(事実: 直接法 → <u>時制は過去のまま</u>) (仮定・想像: 仮定法 → <u>助動詞 + have + 過去分詞</u>)

としても、ほぼ同じ意味を表すことができます。

Note: otherwise は <u>直接法</u> と一緒に使うこともある(→ <u>動詞の時制はずらさない</u>)。
e.g. Do it now; <u>**otherwise**</u>, you <u>**will**</u> <u>**have**</u> more things to do tomorrow.
　　(今すぐそれをやりなさい。<u>さもなければ</u>、明日はより多くの事を <u>することになるよ</u>。)

(3) 複文を単文に

　例えば、「もし彼女が理解のある人 だったら、知らない ふりをしてくれたでしょう」を英語に直したいならば、時制は 過去 なので 仮定法過去完了 を使い、

　　If she **had been** a considerate person, she **would have pretended** to know nothing.
　　S'　V'　　　　　　　　　　　　　S　　V　　　　　　　　　　🐟 44

と 複文 になりますが、パターン的には 🐟 43 と同じように、まず 'If she had been' を省略します。次に、主節も従属節も主語が同じところに注目し、そうであれば、主節の主語 = a consderabl person とも言えるので、その名詞句に 仮定条件 の意味を含ませて、

　　A considerate person **would** have pretended to know nothing.

と 単文 の形にして、if を使わずに 🐟 44 と同じような意味を表すこともできます。

Note: 単文→ S + V が１つ. 複文→ S + V が２つ(従位接続詞で結ばれている→P25 参照).

(4) 不定詞・分詞を用いて

　例えば、「もし彼が英語を話すところを 聞けば、君は彼がネィティヴ・スピーカーだと思うだろう」を英語に直したい場合、時制は 現在か未来 なので、仮定法過去/未来 を使い、

　　If you **heard** / **were to** hear him speak English, you **would regard** him as a native speaker.

としますが、If you heard / were to hear までの部分を、不定詞・分詞 を用いて 仮定条件 の意味を含ませて、同じ意味を表すことが出来るので、

　　Hearing / **To hear** him speak English, you **would regard** him as a native speaker.
　　　　　　　　　　　　　　　　　　　　　　　　　🐟 28・P66 参照

と if を使わずに、ほぼ同じ意味を表すこともできます。

(5) その他（suppose, in case）

　以下の場合に於いても、if-節を使わずに仮定条件を表すことができます(時制に注意)。

e.g. <u>Suppose</u> / <u>Supposing</u> (that) there **was** a big earthquake now, what **would** you do?
　　（大地震が今起きたら、あなたは何をしますか。）

　　What **would** Japanese gervornment do **in case** America **attacked** that country?
　　（アメリカがあの国を攻撃したら、日本政府はどうするだろう。）

5. 仮定法だけど時制をずらさない?

　現在、未来に於いて、単純に仮定・想像 をしたいという時にも仮定法を使いますが、この場合、現代英語では 直接(叙述)法 を用いるので、時制をずらす必要はありません。

　例えば、「もし 彼の判断が間違って いるなら、私達は計画を 変更するでしょう」を英語に直したいとします。「もし ～ ならば」という表現があるので仮定を表してはいますが、事実とは違うと断言できるという訳ではありません。その場合は、

　　If his judgement **is** wrong, we **will change** our plan.

と、if-節は使うが、時制を変えず に英語に直します。こういう時に使う仮定法を、仮定法現在 と言います。

仮定法現在は、次のような場合にも使うことがあるので、確認しておきましょう。

(1) 要求・示唆・提案・命令等を表す動詞や必要を表す語の後に来る that-節

　　主にアメリカ英語における使い方だが、if-節ではなく、that-節の中で仮定法が使われることがある。この場合、that-節中の動詞は 原形 を用いる。通常、イギリス英語に於いては、**should + 動詞の原形** を用いる(e.g. demand, suggest, propose, order, necessary, etc.)。

　We 　demanded 　| that | 　the bill (**should**) **be** discarded.
　　　要求を表す V 　　　　　　　　　　　　 V'

(その法案は廃案にするようにと、私達は要求した。)

(2) 祈願文

　　決まった表現でのみ用いられ、通常は、"**May + S + V の原形 ～ !**" の形を使う。
　　　You **be** happy! （= **May** you be happy! 「ご多幸をお祈りいたします。」）
　　　Long **live** the Queen! （= May the Queen live long! 「女王陛下万歳!」）

6. その他の仮定法を使った慣用表現

(1) 「もし ～ がなければ / なかったら」 → If it **were not** / **had not been** for ～
　　　　　　　　　　　　　　　　　　　　　　 (= But for / Without ～)

e.g. **If it were not for** you, my life **would** mean nothing.
　　 = But for / Without

(もし 君が いなければ、僕の人生は意味が無いものになる だろう。)

Note: without は直接法（事実をそのまま伝える言い方）でも使われます。
　 e.g. Easily, we **get** lost in the woods **without** this map.
　　　 (この地図が 無ければ、その森の中では容易に道に 迷ってしまうよ。)

(2) 「まるで ～ の・する / ～ だった・したか のように」
　　→ **as if** / **though** + S' + V'の 過去形 (仮・過) / **had** + V'の 過去分詞形 (仮・過完) ～

e.g. My father talks about music **as if** he **knew** everything.
　　 (私の父は、まるで 自分が全ての事を 知っているかのように、音楽について話します。)
　　 Stieve treated me **as though** I **had** never **been** to London.
　　 (スティーヴは、まるで 私がロンドンに 行ったことがないような 扱いをした。)

Note: 仮定法で表す内容の 事実・確実性が高い、または、単に様子・状態 を表すという
　　　　 場合は、基本的に 直接法 を使う(特に主節動詞が **appear**、**look**、**seem** 等の時)。
　 e.g. She seems **as if** she **doesn't know** the fact. (彼女はその事実を 知らない ようだ。)

(3)「もう ～ する時間(時、頃) だ」 → **It is time that** ＋ S' ＋ V'の**過去形** (仮・過) ～

e.g. It's time that the world **established** everlasting peace.
　　(もう 世界が恒久平和を 確立する時だ。)
　　　It's time that Keith **was** appearing. (もうキースが現れる時間です。)
　* この言い方では、S'が 1・3 人称単数、V'が be 動詞 の時は、基本的に were ではなく、
　　was を使う (were は古い使い方)。

Note: time の前に high や about が来ることもあるが、次のような使い分けをするとよい。
　　　high time → 「～ する時間が とっくに 過ぎているのに」という苛立ちを表す。
　　　about time → 「～ する時間が 若干 過ぎている」ということを表す。

Note: 仮定法過去の代わりに that 以下で **should** を用いたり、that 節の代わりに **不定詞**
　　　を用いることもある。
　e.g. It's high time that they **should** start their project.
　　(彼らは自分達の計画を、まさに始めるべき時にきていますよ。)
　　　It's about time for her **to tell** the truth.
　　(彼女は真実を話しても良い頃だ。)

(4) 実現できない願望
「～ であれば / すれば よいのに」　　　　　　　　　V'の**過去形** (仮・過) ～
　　　　　　　　　　　→ S ＋ **wish** ＋ S' ＋ {
「～ であったら / すれば よかったのに」　　　　　　**had** ＋ V'の**過去分詞形** (仮・過完) ～

e.g. I wish I were a good singer. (歌が上手なら よいのになぁ。)　　　　　☜ **45**
　　　My mother **wishes** she **could have gone** to the concert.　　　　　　☜ **46**
　　　(私の母はそのコンサートに 行けたらよかったのに と思っています。)

Note: wish を使った仮定法で表されることを事実に基づいて表すと、「残念ながら ～ ない
　　　/ なかった」ということになるので、 ☜ **45・46** の英文を、事実をありのままに伝
　　　える直接法で表すと、"**I'm sorry I'm** not a good singer."、"My mother **is sorry** she
　　　couldn't go to the concert." となる。

(5) 事実に反する強い願望
「～ でさえ あれば (よいのに) / あったら (よかったのに) なあ」
→ **If only** ＋ S' ＋ V' の **過去形** (仮・過) / **had** ＋ V' の **過去分詞形** (仮・過完)!
　(= How I wish S' ＋ V' の **過去形** / **had** ＋ V' の **過去分詞形** !)
e.g. If only my house **were** near the beach! (私の家が海岸の近くに ありさえすればなあ。)
　　　If only I had known the result earlier! (もっと早くその結果を 知ってさえいたら。)

89

(6) 「いわば」 → **as it were**　e.g. My professor is, <u>**as it were**</u>, "a walking dictionary."
（私の担当教授は、言わば、「生き字引」だ。）

Exercise 11

1. カッコ内の語を意味が通るように、それぞれ適当な形に直しなさい。

(1) If they (be) here now, they would find what to do.

(2) I wish Ken (not go) on a date with Mary last Saturday.

(3) If we (shall have) a big earthquake, we will have to go outside immediately.

(4) My mother looked as if she (already, know) the result.

(5) If I (be) in Yokohama, I could have met you without difficulty.

(6) With a little more consideration, he (won't make) the same mistake then.

2. 2文がほぼ同じ意味になるように、それぞれカッコ内に適語を入れなさい。

(1) A wise man (　) not say such a thing to others.

　= (　) he (　) a wise man, he (　)(　) such a thing to others.

(2) I'm sorry I couldn't see "Demon Slayer" with you.

　= I (　) I (　)(　)(　) "Demon Slayer" with you.

(3) As there is air and water, all living things can live.

　(　) it (　)(　)(　) air and water, all living things (　)(　).

3. 日本語の意味になるように、カッコ内に適語を入れなさい。

(1) ジャックは僕が一度もテニスをしたことがないような扱いをした。

　Jack treated me (　)(　) I (　)(　)(　) tennis.

(2) 君が毎日ギターを弾く練習をしさえすればなあ。

　(　)(　) you (　)(　) the guitar every day.

(3) 仮に太陽が西から上っても、絶対に僕の気持ちは変わりません。

　(　) the sun (　)(　) in the west, I (　)(　)(　) my mind.

(4) ブルーノがステージで演じるところを見たら、君は彼がプロだと思うだろう。

　(　)(　)(　)(　) on the stage, you (　)(　) Bruno as a professional.

(5) 機長は乗組員に、元の位置に戻るようにと命令しました。

　The captain (　) that the crew (　)(　) back to each original position.

Answers: 1. (1) were　(2) hadn't gone　(3) should have　(4) <u>had already known</u> / already <u>knew</u>　(5) had been　(6) wouldn't have made　**2.** (1) would・If・were・wouldn't say　(2) wish・could have seen　(3) If・were not for・couldn't live　**3.** (1) as <u>if</u> / <u>though</u>・had never played　(2) If only・practiced playing　(3) Were・to rise・would never change　(4) To see him <u>perform</u> / <u>play</u>・would <u>think</u> / <u>regard</u>　(5) ordered・should <u>go</u> / <u>be</u> / <u>come</u>

Index (索引)

改訂版 Let's Start All Over!

2021 年 5 月 30 日　初版　第一刷発行

著者　　　中野　和之

発行者　　谷村　勇輔

発行所　　ブイツーソリューション

　　　　　〒466-0848 名古屋市昭和区長戸町 4-40

　　　　　電話　　052-799-7391

　　　　　ＦＡＸ　052-799-7984

発売元　　星雲社（共同出版社・流通責任出版社）

　　　　　〒112-0005 東京都文京区水道 1-3-30

　　　　　電話　　03-3868-3275

　　　　　ＦＡＸ　03-3868-6588

印刷所　　モリモト印刷